Yaacov Zinvirt

Hebräisch-jüdisches Schülerlehrbuch

Jüdisches Lehrhaus – lebendiges Judentum

herausgegeben von

Yaacov Zinvirt

Band 4

LIT

Yaacov Zinvirt

Hebräisch-jüdisches Schülerlehrbuch

Ein Arbeitsbuch für Schule, Gemeinde und Weiterbildung

LIT

∞

Gedruckt auf alterungsbeständigem Werkdruckpapier entsprechend
ANSI Z3948 DIN ISO 9706

Bibliografische Information der Deutschen Nationalbibliothek
Die Deutsche Nationalbibliothek verzeichnet diese Publikation in der Deutschen Nationalbibliografie; detaillierte bibliografische Daten sind im Internet über http://dnb.d-nb.de abrufbar.

ISBN 978-3-643-12894-2

Verlagskontakt:
Fresnostr. 2 D-48159 Münster
Tel. +49 (0) 2 51-62 03 20 Fax +49 (0) 2 51-23 19 72
E-Mail: lit@lit-verlag.de http://www.lit-verlag.de

Auslieferung:
Deutschland: LIT Verlag Fresnostr. 2, D-48159 Münster
Tel. +49 (0) 2 51-620 32 22, Fax +49 (0) 2 51-922 60 99, E-Mail: vertrieb@lit-verlag.de

Österreich: Medienlogistik Pichler-ÖBZ, E-Mail: mlo@medien-logistik.at
E-Books sind erhältlich unter www.litwebshop.de

Hebräisch-jüdisches Schülerlehrbuch

Autor

Rabbiner Yaacov Zinvirt, in Jerusalem geboren, seit sieben Generation in Israel ansässig, direkter Nachfahre von Rabbiner Elimelech aus Lischansk. Abitur, Studium der Religionswissenschaften in Israel, Rabbinerprüfung in Jerusalem. Rabbiner in Berlin, Mainz- Worms, Duisburg-Mülheim-Oberhausen sowie Dozent an der Universität Berlin, Potsdam und Essen. Verfasser zahlreicher Schriften, u. a. Autor des Buches:
Feste Israels in Papierarbeiten, hänssler ISBN 3-7751-3906-6, *Tor zum Talmud,* Band I in der Reihe Jüdisches Lehrhaus - lebendiges Judentum, LIT-Verlag, ISBN 978-3-8258-1882-1, *Hebräisch Lesenlernen und Verstehen*, Band 2, ISBN 978-3-643-10016-0, *Iwrit bukwa sa bukwoj*, Band 3, ISBN 978- 3-643-10612-4.
Die kostenlosen Audiodateien erhalten Sie unter: www.lehrhaus-net.de

Mein Dank gebührt den Mitwirkenden

Illustratorin

Frau Polina Livshits

Polina Livshits studiert an der Kunsthochschule in Offenbach Grafik Design und Illustration. Bis zu ihrem 18. Lebensjahr lebte sie in Moldawien und Russland, hat sich aber nach ihrer Ankunft in Deutschland darin verliebt. Sie singt in einer Band, schreibt lustige Lieder und träumt davon, ihr Leben auf Reisen zu verbringen, um ihre Eindrücke in Kinderbüchern zu reflektieren.

Frau Bettina S. Schwarz

Dozentin für Biblische Archäologie an der Universität Potsdam und Dozentin für Hebräisch am Abraham-Geiger-Kolleg, Berlin, für ihre Lektorarbeit des deutschen Teils dieses Buches und phonetische Übersetzung.

Meiner lieben Frau Betty

Diplom-Chemikerin und wissenschaftliche Mitarbeiterin, für die Unterstützung bei der Lektorarbeit und Mitgestaltung des Schülerlehrbuches, unseren lieben Kindern, die mich durch ihre Ideen täglich bereichern sowie meiner lieben Mutter.

An dieser Stelle möchte ich mich ganz herzlich bei der

Axel Springer Stiftung

für die Unterstützung bedanken.

Dieses Buch widme ich unserer lieben

SONJA

Inhaltsverzeichnis

Einleitung

Ivrith wird von rechts nach links geschrieben und gelesen. Es gibt keine Unterscheidung zwischen Groß- und Kleinschreibung. In jeder Lerneinheit werden die neuen Worte geschrieben und in Bildern vorgestellt.

Aufbau der Lerneinheiten

Die Lerneinheiten sind wie folgt aufgebaut: Zuerst werden die neuen Buchstaben, bzw. Vokale vorgestellt, dazu Beispiele mit kurzen Leseübungen gebracht. Dann folgen neue Worte mit Bildern und Übungen. Am Schluß werden alle in der Lerneinheit behandelten Worte nochmals in einer Tabelle aufgeführt.

Vokale und Konsonanten

Das Hebräische ist eine Konsonantenschrift, d.h. Vokale spielen eine untergeordnete Rolle. Die Vokale **A, E, I, O, U** werden als Punkte und Striche über und unter den Buchstaben gesetzt. Für jeden Vokal gibt es zwei oder drei unterschiedliche Zeichen. Alle Vokale werden in den Lerneinheiten erklärt und stehen nochmals in Anhang 1. Die Punktierungsregeln für die einzelnen Zeichen werden im Anhang 2 unter Anmerkungen kurz erläutert. Im modernen Ivrith werden die Vokalzeichen weggelassen.

Die Endbuchstaben - Sofit

Fünf Konsonanten ändern ihre Form, wenn sie am Ende eines Wortes stehen. Sie werden Endbuchstaben (sofit) genannt und sind im Buch jeweils extra aufgeführt.

Das Dagesch

Manchmal steht ein Punkt (ein Dagesch) in der Mitte eines Konsonanten. Das Dagesch verstärkt den Laut. Es ist aber **nur** bei Pe פּ, Kaf כּ und Bet בּ hörbar. Ohne Punkt, d.h. ohne Dagesch, wird Fe פ, Chaf כ und Vet ב gesprochen.

Die Betonungen

Die Betonungen liegen im Hebräischen normalerweise am Ende eines Wortes, wenn nicht, so wird dies durch einen Akzent gekennzeichnet.

Anmerkungen - Fußnoten

Im Anhang 3 befinden sich ausführliche Erklärungen, die auch in den Lerneinheiten in gekürzter Form als Anmerkungen (Fußnoten) auftauchen. Diese Hinweise sind hilfreich für den Lernverlauf.

Die Geschlechter

Es gibt im Hebräischen nur zwei Geschlechter: Maskulin und Feminin. Verben und Adjektive werden dem vorangestellten Nomen in der jeweiligen männlichen, weiblichen, singularen oder pluralen Form angepasst. In diesem Buch wird stets die männliche und weibliche Form angegeben (Substantive, Adjektive und Verben).

אבגדהוזחטיכלמנסעפצקרשת ךםןףץ

Buchstabe

(Resch) ר

r = ר

ר ר ר ר

Ziehe die Buchstaben auf den vorgegebenen Linien nach.

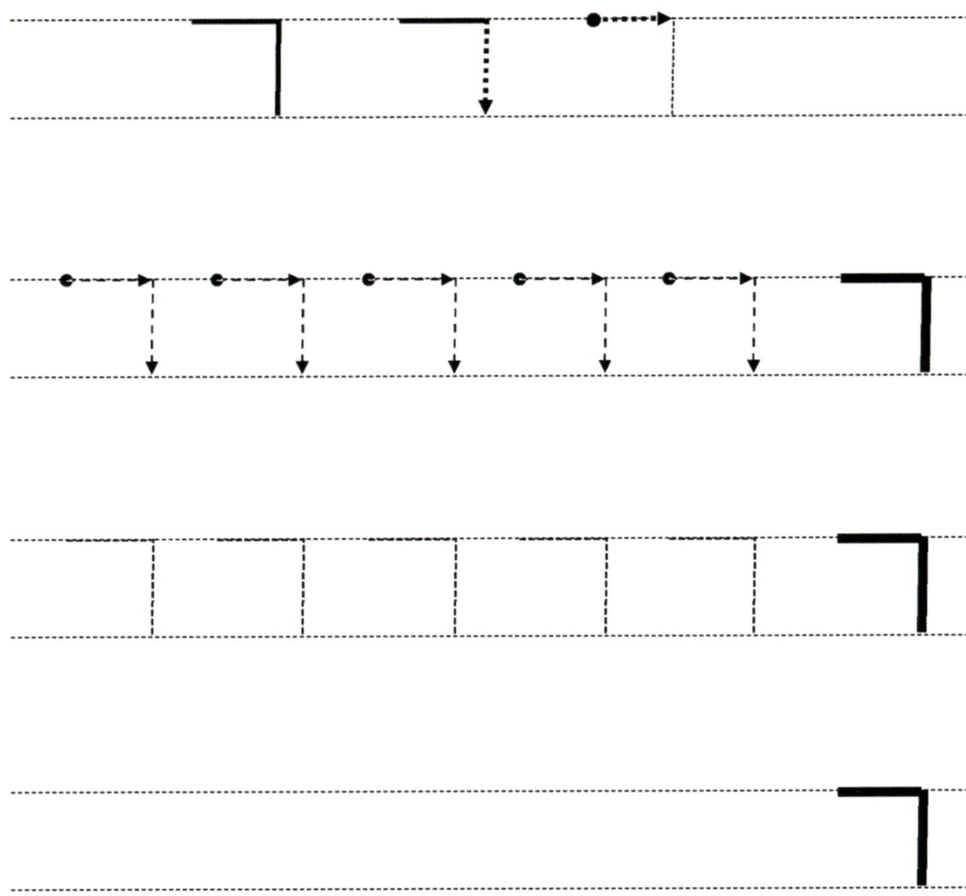

Leseübung

ר ר

Vokal a

Der Vokal **a** wird mit den folgenden Zeichen unter den Buchstaben dargestellt:

wie **a** in Bach = ◌ַ

langes **a** wie in Aal = ◌ָ

רַ = ra רָ = ra

Leseübung 1

רָ רַ ר רָ רָ ר רַ ר רָ רַ ר רַ ר רָ רַ רַ ר רַ ר רָ רַ רַ ר רָ

In Anhang 4 findest du den Buchstaben Resch, schneide ihn dort aus und klebe ihn hier ein.

ר

Schreibe den Buchstaben Resch in das vorgegebene Feld.

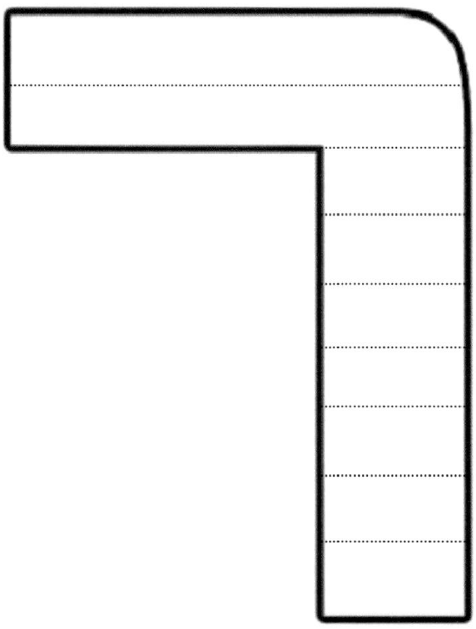

אבגדהוזחטיכלמנסעפצקרשת דםןףץ

Buchstabe

ה (He)

h = ה

ה ה ה ה

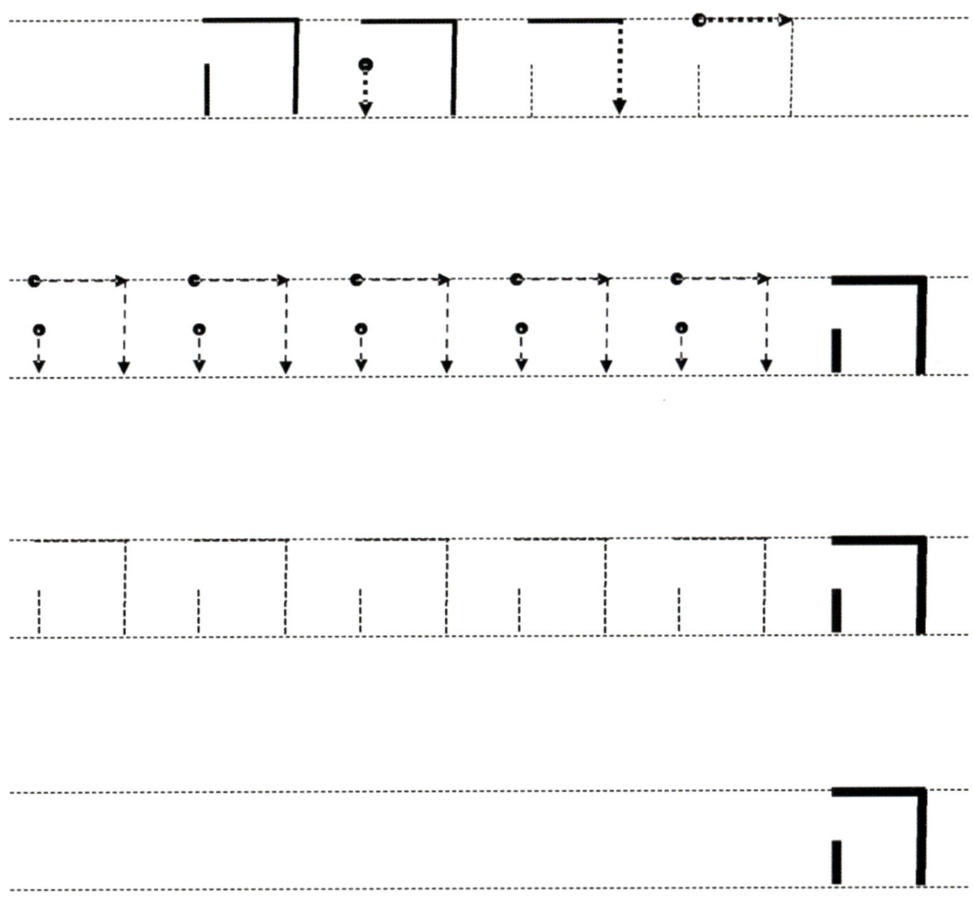

Leseübung 1

הַ הָ ה הָ ה הַ ה הָ ה הָ הָ ה הַ ה הָ ה הָ הַ הָ ה הָ ה הַ הַ

Leseübung 2

רָ הַ ר רָ ה רַ הַ ה הָ ר רָ ה רַ הַ ה הָ ר ר רָ ה רַ הַ רָ ה

Wörter

הַר

Wörter

dt.	*Umschrift*	*Hebr .*	*Nr.*
Berg, m.	**har**	הַר	1

Lesen, verstehen und abschreiben

הַר

....

Schneide die Buchstaben (Anhang 4) aus und klebe sie an die richtige Stelle.

הַ

הַ ר

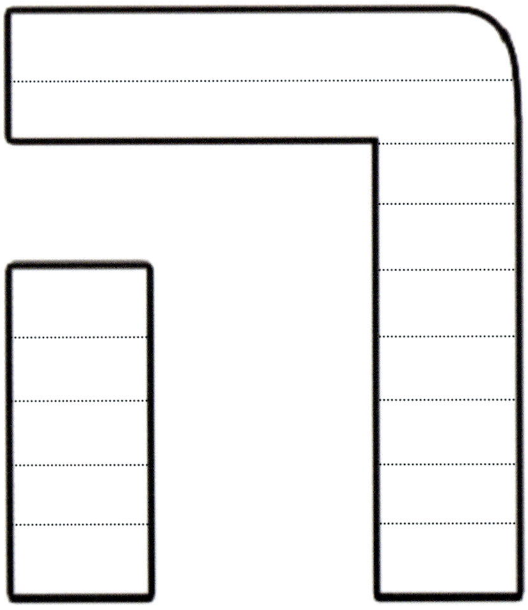

אבגדהוזחטיכלמנסעפצקרשת דםןףץ

Buchstabe

נ (Nun)

n = נ

נ נ נ נ

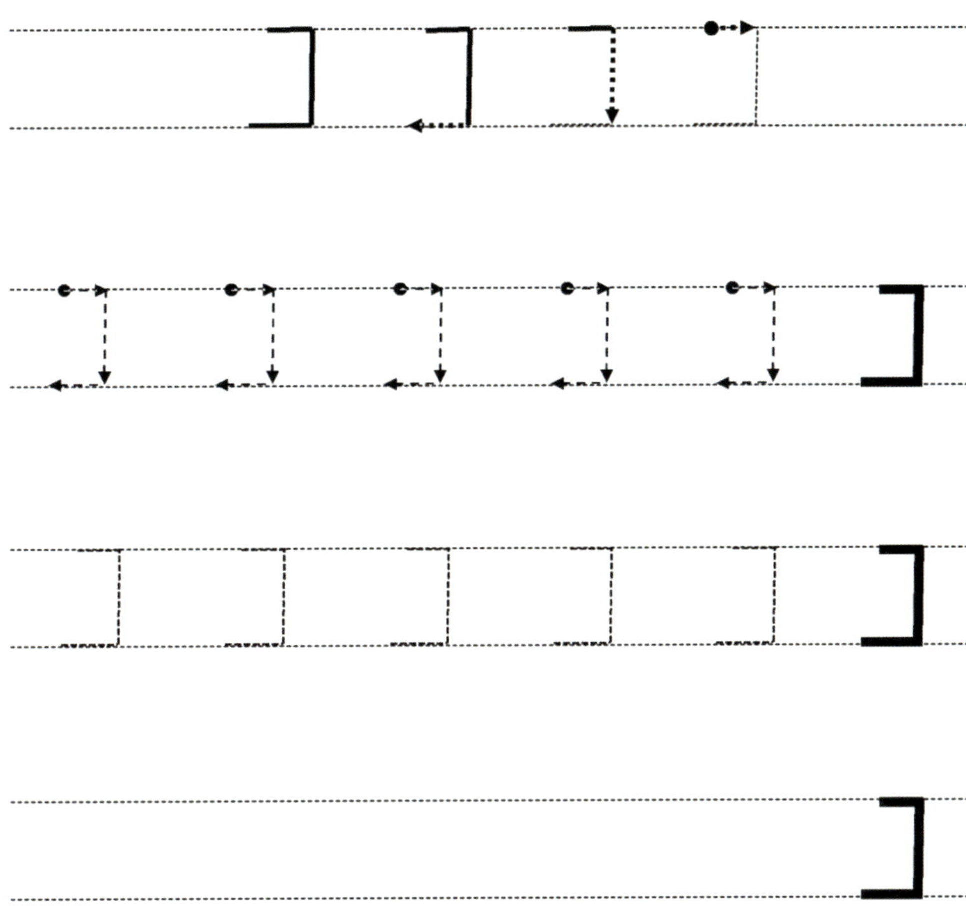

Leseübung 1

נָ נַ נ נָ נַ נ נָ נַ נ נָ נָ נַ נ נָ נַ נ נָ נַ נ נָ נַ נ נ נָ נַ נ נָ נָ נַ נ נָ

Leseübung 2

נָ ה רַ הָ נ רָ נַ רָ הַ ר נָ ה רַ הָ נ רָ נַ רָ רַ הָ נ רָ נַ רָ הַ ר

Wörter

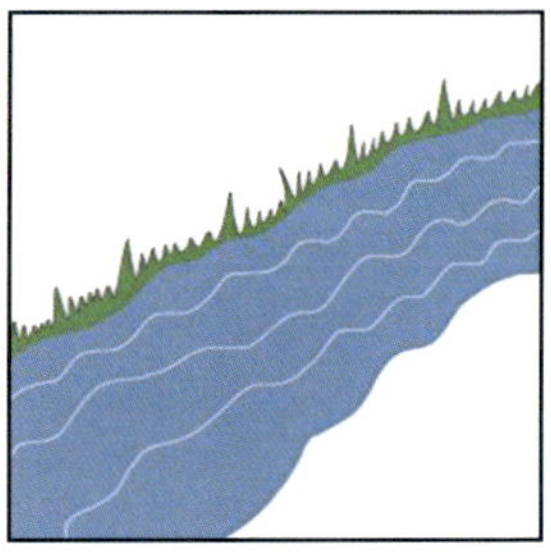

נָהָר

Wörter

dt.	*Umschrift*	*Hebr .*	*Nr.*
Fluss, m.	**nahar**	נָהָר	2

Lesen, verstehen und abschreiben

נָהָר

....

Ha ist der bestimmte Artikel.

Auch hinweisend: dieser

Wörter

הָהָר

הַנָּהָר

Wörter

dt.	*Umschrift*	*Hebr .*	*Nr.*
der, die, das, die pl.	**ha**	הַ	3

1. הַ (= He mit Patach) ist der bestimmte Artikel für: maskulin, feminin, Singular und Plural. Er wird dem Wort vorangestellt; dazu kommt ein Punkt = Dagesch im folgenden Buchstaben: הַנָּהָר (nähere Erläuterungen s. Anhang 2).

Lesen, verstehen und abschreiben

הַנָּהָר ....

הָהָר ....

Schneide die Buchstaben (Anhang 4) aus und klebe sie an die richtige Stelle.

נ

נָ הָ ר

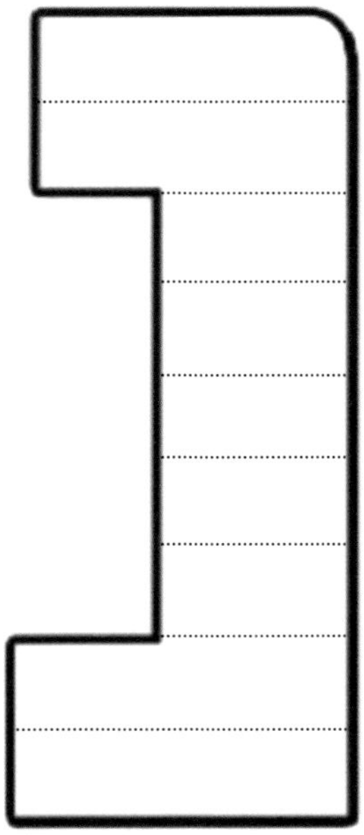

אבגדהוזחטיכלמנסעפצקרשת דםןףץ

Buchstabe

(Chet) ח

ch = ח

ח ח ח ח

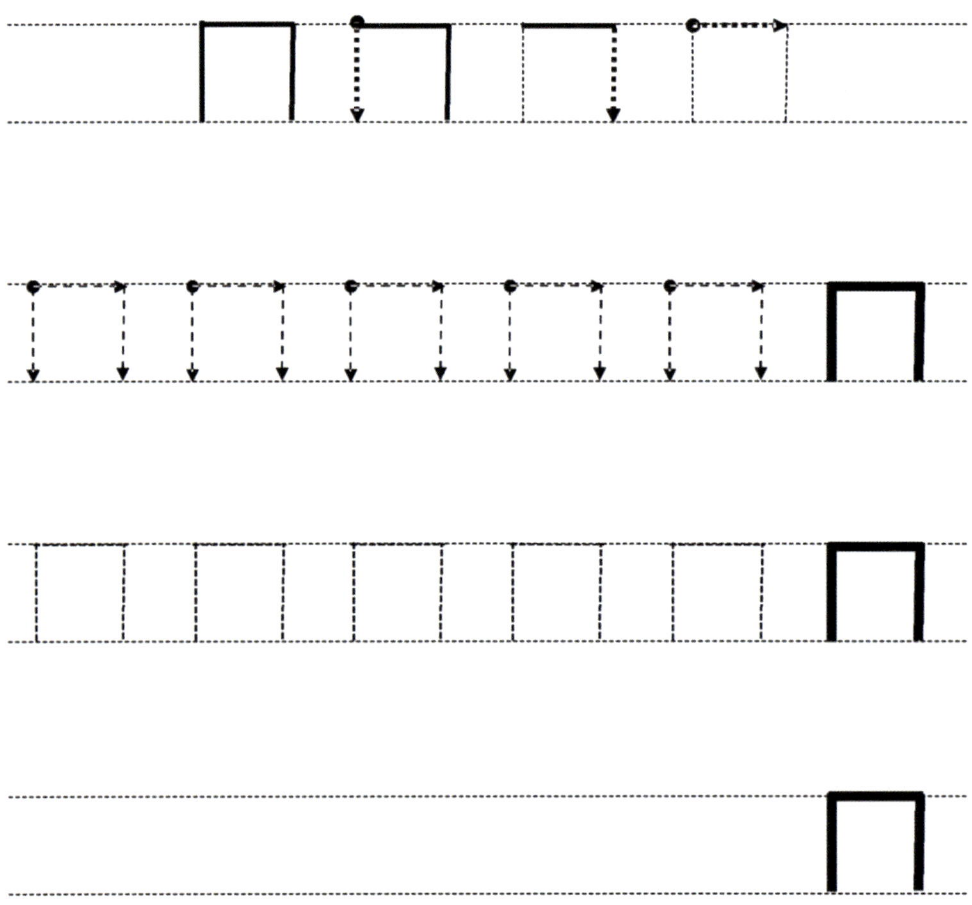

Leseübung 1

חַ חָ ח חַ ח חָ חַ חָ ח חָ חַ חָ ח חַ ח חַ ח חַ חָ ח חַ ח חַ ח

Leseübung 2

רַ חָ הָ נ רָ נַ רָ ח הַ נָ ה רַ חָ הָ נ רָ נַ רָ ח הַ נָ ר חַ חָ הָ נ

Der Buchstabe He ה am Ende des Wortes wird nicht gesprochen. In der Umschrift wird hier das He am Ende eines Wortes weggelassen, weil es keine Wirkung auf die Aussprache hat.

Wörter

נָח

חַנָּה נָחָה.

חַנָּה

Wörter

dt.	*Umschrift*	*Hebr .*	*Nr.*
Hanna	**chana**	חַנָה	4
ruht, sg. w.	**nácha**	נָחָה	5
ruht, sg. m.	**nach**	נָח	6

Lesen, verstehen und abschreiben

חַנָה ....

נָחָה ....

נָח ....

חַנָּה נָחָה. ....

Schneide die Buchstaben (Anhang 4) aus und klebe sie an die richtige Stelle.

ח
חַ נָּ ה

ח
נָ חָ ה

ח
נָ ח

אבגדהוזחטיכלמנסעפצקרשת ךםןףץ

Buchstabe

(Schin) שׁ

sch (wie in schön) = שׁ

ש ש ש ש

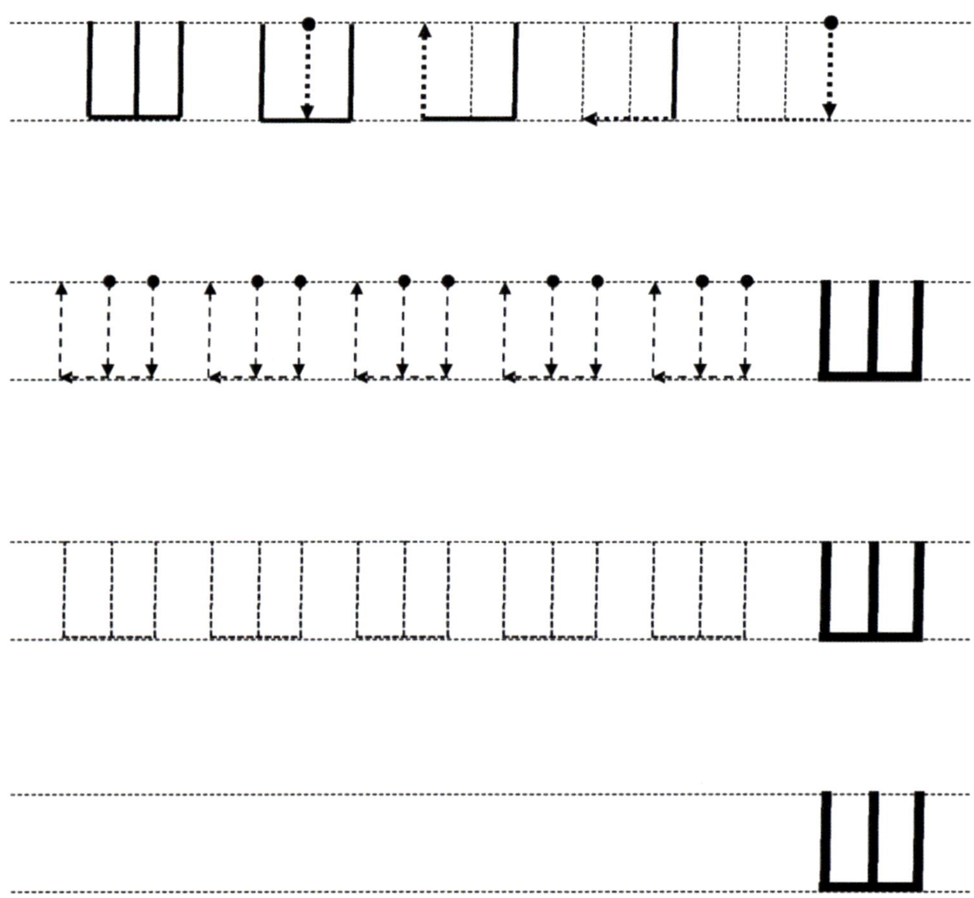

Leseübung 1

שַׁ שָׁ שׁ שַׁ שָׁ שַׁ שָׁ שׁ שַׁ שָׁ שַׁ שָׁ שׁ שַׁ שַׁ שָׁ שׁ שַׁ שָׁ שַׁ

Leseübung 2

רַ שַׁ חָ הָ נ רָ שׁ ה נ חַ רָ ח שָׁ נ רָ הַ נָ ר הָ שׁ רָ ה נַ שָׁ

Wörter

שַׁחַר

שַׁחַר שָׁר.

חַנָּה שָׁרָה.

נָחָשׁ

הַנָּחָשׁ נָח.

שַׁחַר נָח.

Wörter

dt.	*Umschrift*	*Hebr .*	*Nr.*
Schachar, Name, m.	**schachar**	שַׁחַר	7
singt, sg. m.	**schar**	שָׁר	8
singt, sg. w.	**schára**	שָׁרָה	9
Schlange, m.	**nachasch**	נָחָשׁ	10

Es wird ein Satz gebildet.

Lesen, verstehen und abschreiben

שַׁחַר שָׁר.

חַנָּה שָׁרָה. ....

שַׁחַר נָח. ....

הַנָּחָשׁ נָח. ....

Ergänze die folgenden Sätze

שַׁחַר	חַנָּה ....
חַנָּה	שַׁחַר ....
הַנָּחָשׁ	

Schneide die Buchstaben (Anhang 4) aus und klebe sie an die richtige Stelle.

שׁ	שׁ	שׁ	שׁ
שַׁ חַ ר	שָׁ ר	שָׁ רָ ה	נָ חָ שׁ

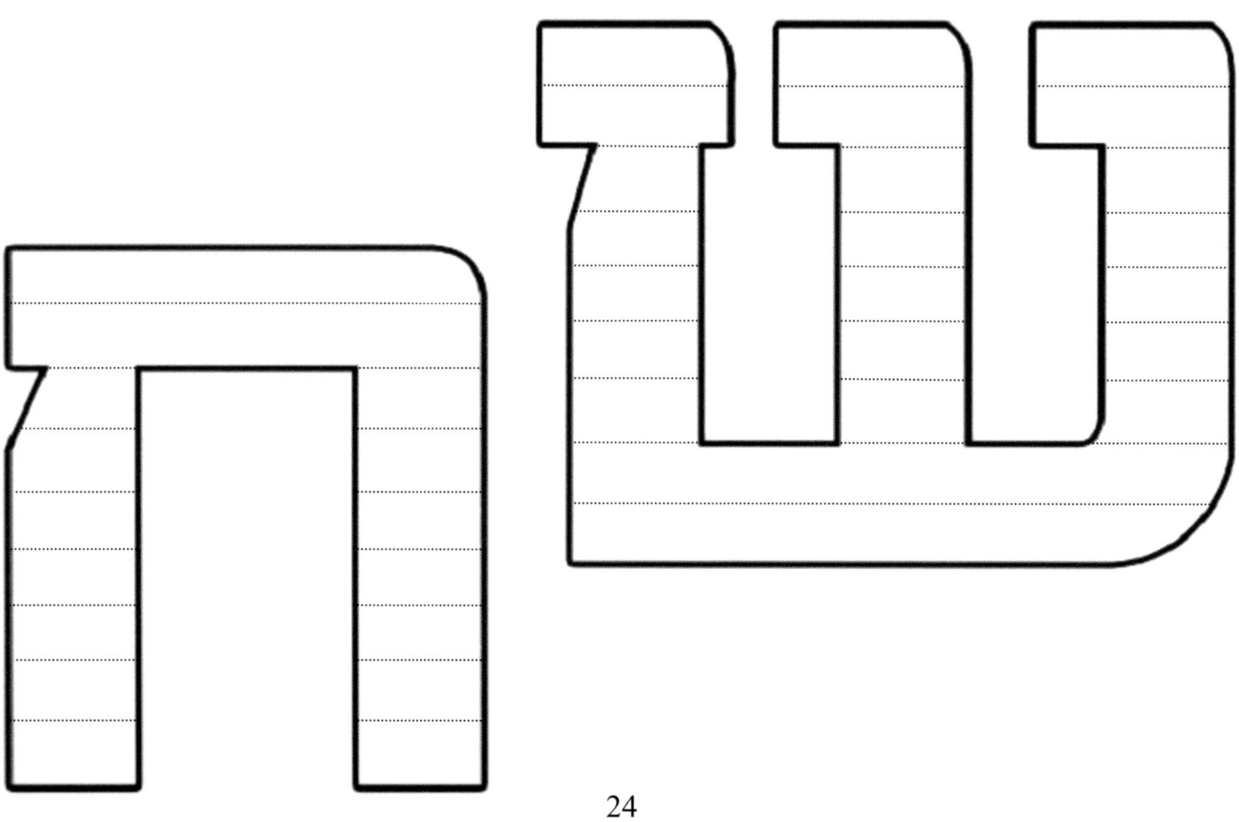

אבגדהוזחטיכלמנסעפצקרשת דםןףץ

Buchstabe

(Mem) מ

m = מ

מ מ מ מ

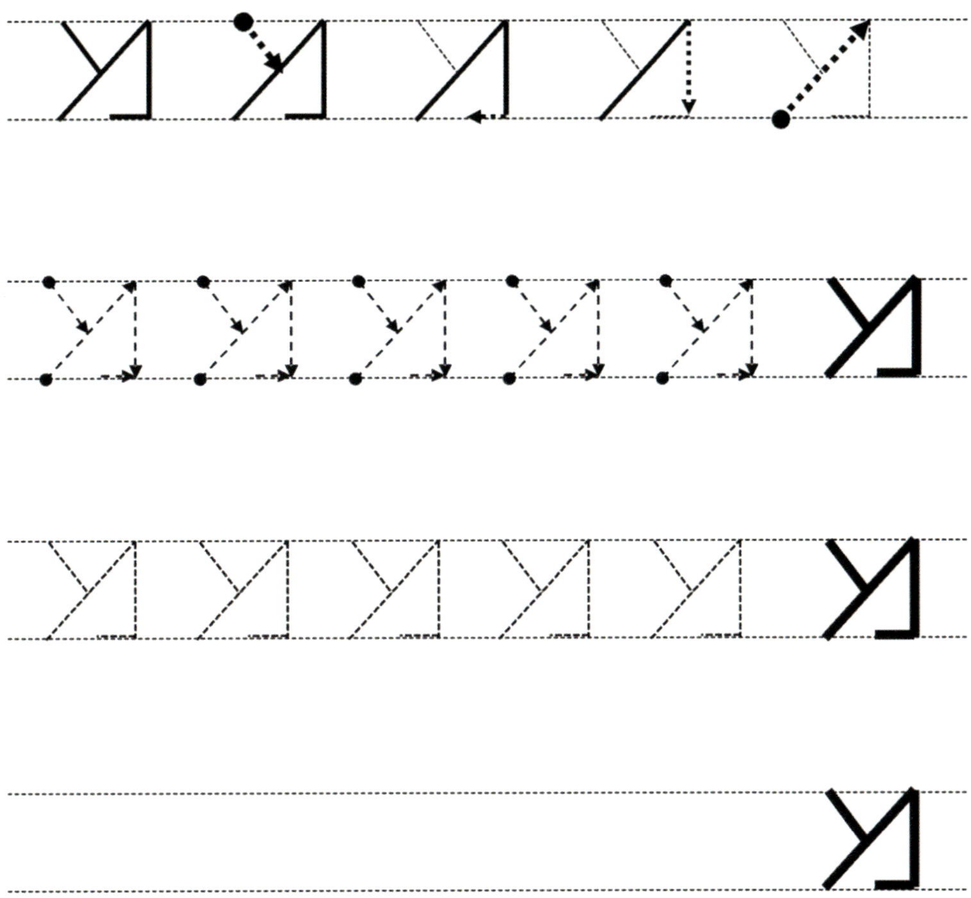

Leseübung 1

מָ מַ מ מָ מַ מ מָ מַ מ מַ מָ מַ מ מָ מַ מ מָ מַ מ מָ מַ מ מָ מַ

Wörter

מַה חַנָּה שָׁרָה ?

מַה שַׁחַר שָׁר ?

Wörter

dt.	*Umschrift*	*Hebr .*	*Nr.*
was?	**ma**	מַה	11

Lesen, verstehen und abschreiben

מַה שַׁחַר שָׁר ? ....

מַה חַנָּה שָׁרָה ? ....

Ergänze die folgenden Sätze

? .... חַנָּה	? .... מַה

Schneide die Buchstaben (Anhang 4) aus und klebe sie an die richtige Stelle.

מ

ה	מַ

אבגדהוזחטיכלמנסעפצקרשת ךםןףץ

Buchstabe

ל (Lamed)

ל = l

ל ל ל ל

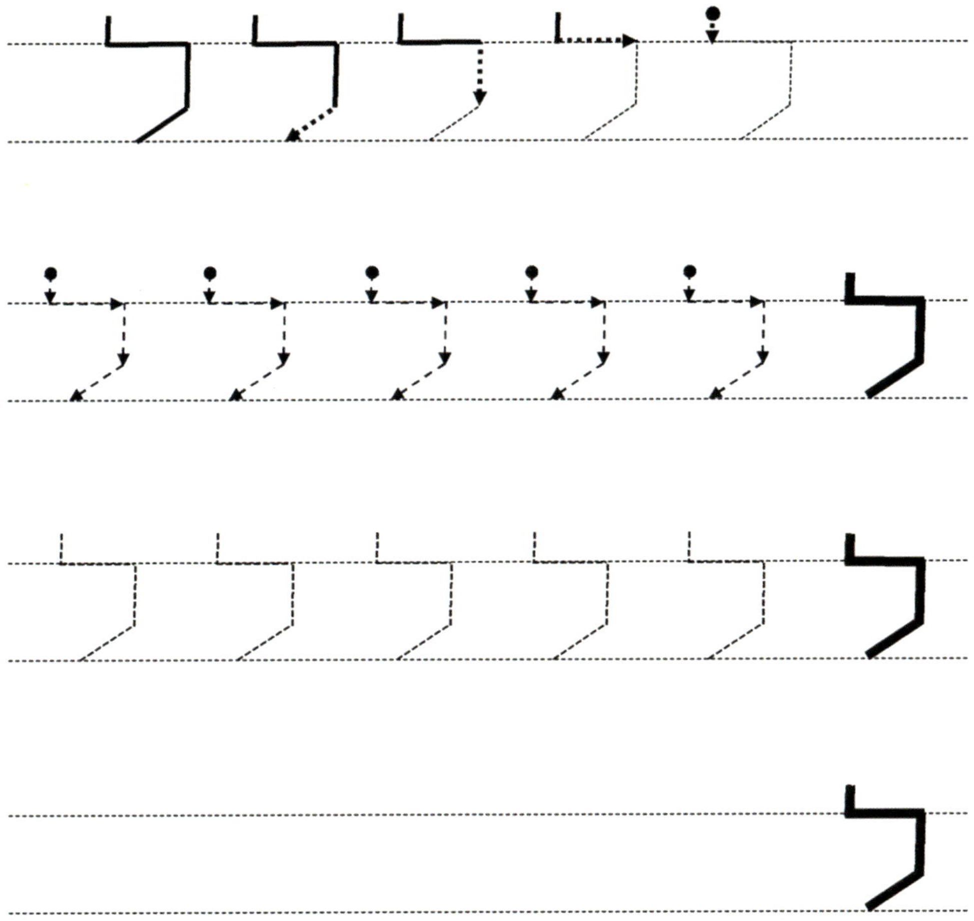

Leseübung 1

לָ לַ ל לָ לַ ל לָ לַ ל לַ לָ ל לַ ל לָ לַ ל לָ לַ ל לָ לַ ל לַ ל

Leseübung 2

ל מָ מַ לַ מַ לַ מ מָ לָ מַ לָ מ לָ מָ ל מַ ל לַ מ לַ מַ לָ מ לָ

Leseübung 3

רַ מ שַׁ חָ מָ לַ הָ נ רָ ל שׁ מַ ה נַ לָ רָ ח שָׁ הַ נָ ר חַ הָ נ
רָ ל שׁ מַ ה מ שַׁ חָ נַ לָ הָ נ רָ ל שׁ נ מַ ה נ ח שָׁ הַ נָ שַׁ

Wörter

לָמָה שַׁחַר שָׁר ?

לָמָה חַנָּה שָׁרָה?

לָמָה שַׁחַר נָח ?

לָמָה חַנָּה נָחָה?

Wörter

dt.	*Umschrift*	*Hebr .*	*Nr.*
warum	**láma**	לָמָה	12

Lesen, verstehen und abschreiben

לָמָה שַׁחַר שָׁר ?
....

לָמָה חַנָּה שָׁרָה?
....

לָמָה שַׁחַר נָח ?
....

לָמָּה חַנָּה נָחָה?

....

Ergänze die folgenden Sätze

? .... חַנָּה	? ....
? .... לָמָּה	? .... חַנָּה ....

Schneide die Buchstaben (Anhang 4) aus und klebe sie an die richtige Stelle.

ל

לָ | מָּ | ה

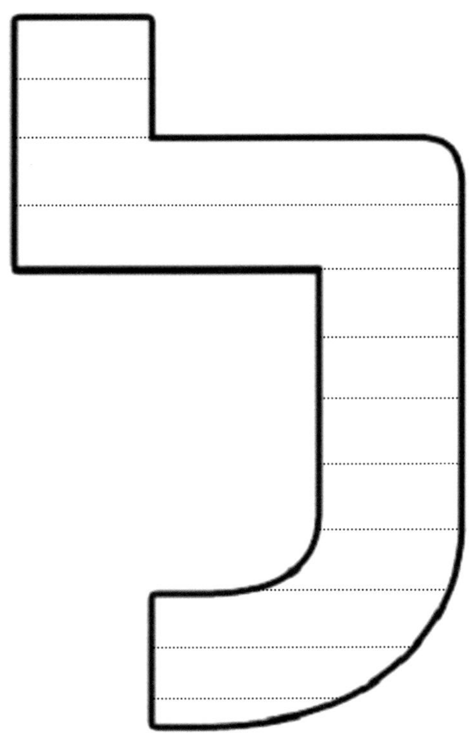

אבגדהוזחטיכלמנסעפצקרשת ךםןףץ

Buchstabe

(Ajin) ע

Stummer Konsonant, der seinen Laut nur durch einen Vokal erhält, Kehllaut.

ע ע ע ע

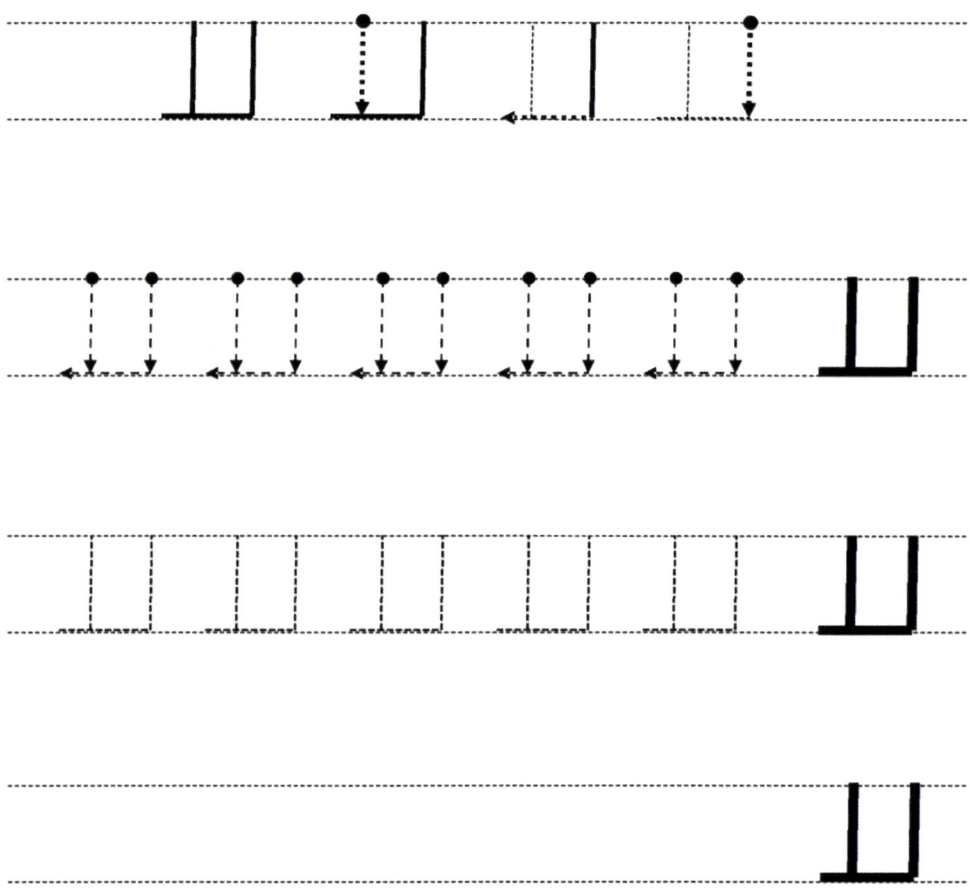

Leseübung 1

עָ עַ ע עָ עַ ע עָ עַ ע עַ עָ עַ ע עָ עַ ע עָ ע עַ עָ עַ ע עַ עַ ע

Wörter

הַנָּחָשׁ עַל הָהָר.   הַשַּׁעַר עַל הָהָר.   הַנַּעַל עַל הַנָּהָר ?

Wörter

dt.	Umschrift	Hebr .	Nr.
auf, über	**al**	עַל	13
Tor, m.	**schàar**	שַׁעַר	14
Schuh, w.	**náal**	נַעַל	15

Wenn kein Verb vorhanden ist, kann man eine Form von „sein“ ergänzen.

Lesen, verstehen und abschreiben

מַה עַל הָהָר ?
הַנָּחָשׁ עַל הָהָר.
מַה עַל הָהָר ?
הַשַּׁעַר עַל הָהָר.
מַה עַל הַנָּהָר ?
הַנַּעַל עַל הַנָּהָר.
לָמָּה הַנַּעַל עַל הַנָּהָר ?
לָמָּה הַשַּׁעַר עַל הָהָר ?

Ergänze die folgenden Sätze

.... שָׁר .... הָהָר.	.... עַל הַ........ ?
חַנָּה .... הָהָר.	הַ........ .... הָ........ .
.... עַל הָ........ ?	הַ........ .... הַ........ .

מַה עַל הַשַּׂעַר ? הַנָּחָשׁ עַל הַשַּׂעַר.

.... ?

....

Schneide die Buchstaben (Anhang 4) aus und klebe sie an die richtige Stelle.

ע	
עַ	ל

	ע	
נַ	עַ	ל

	ע	
שַׂ	עַ	ר

Vokal Schva

Der Vokal **Schva** wird mit zwei senkrechten Punkten unter dem Buchstaben dargestellt:

fast lautloses, kurzes e, hier ohne Umschrift = ְ

z.B. ne, re, sche ....

Leseübung 1

נְ רְ שְׁ מְ לְ נְ רְ שְׁ מְ לְ שְׁ מְ לְ נְ מְ לְ נְ רְ שְׁ לְ נְ

Leseübung 2

נְ רְ עַ שְׁ מְ לְ עָ נְ רְ שְׁ עַ מְ לְ עָ שְׁ מְ לְ נְ ע מְ רְ לְ נְ ע

Leseübung 3

עַ רְ לָ מ רַ מְ נָ עָ מָ לַ נְ ע ל מַ לְ עָ לָ שַׁ מָ שְׁ

Wörter

הַנְּמָלָה עַל הַנַּעַל.

לְחַנָּה נַעַל.

לְשַׁחַר חַלָּה.

שַׁחַר שָׁר לְמַעְלָה עַל הָהָר.

Wörter

dt.	Umschrift	Hebr .	Nr.
Ameise, w.	**nemala**	נְמָלָה	16
zu, für	**le**	לְ	17
Hefezopf, w.	**chala**	חַלָּה	18
oben	**lemála**	לְמַעְלָה	19

2. Die Präposition **zu, nach** besteht aus dem Buchstaben Lamed mit Schva und gehört zum Anfang des Wortes: ...לְ (nähere Erläuterungen s. Anhang 2).

Außerdem bedeutet **le** in Verbindung mit einem Nomen: „zu ihm ist“ = ihm gehört oder er hat, ohne dass ein Verb erscheint.

Lesen, verstehen und abschreiben

הַנְּמָלָה עַל הַנַּעַל.

לְחַנָּה נַעַל.

לְשַׁחַר חַלָּה.

שַׁחַר שָׁר לְמַעְלָה עַל הָהָר.

לָמָּה שַׁחַר שָׁר לְמַעְלָה
עַל הָהָר ?

מַה לְמַעְלָה עַל הָהָר ? ....

הַנָּחָשׁ לְמַעְלָה עַל הָהָר. ....

מַה לְמַעְלָה עַל הָהָר ? ....

הַשַּׂעַר לְמַעְלָה עַל הָהָר . ...

Ergänze die folgenden Sätze

לְ........	הַ........ .... הַ........ .
לְ........	שַׂחַר........ .... עַל הָ........ .

Schneide die Buchstaben (Anhang 4) aus und klebe sie an die richtige Stelle.

נְ	מָ	לָ	ה

לְ	מַ	עְ	לָ	ה

לְ

חַ	לָ	ה

Lies die Geschichte

הַנַּעַל

לְחַנָּה נַעַל .

מַה עַל הַנַּעַל?

הַנְּמָלָה עַל הַנַּעַל.

אבגדהוזחטיכלמנסעפצקרשת דםןףץ

Buchstabe

(Kof) ק

k = ק

ק ק ק ק

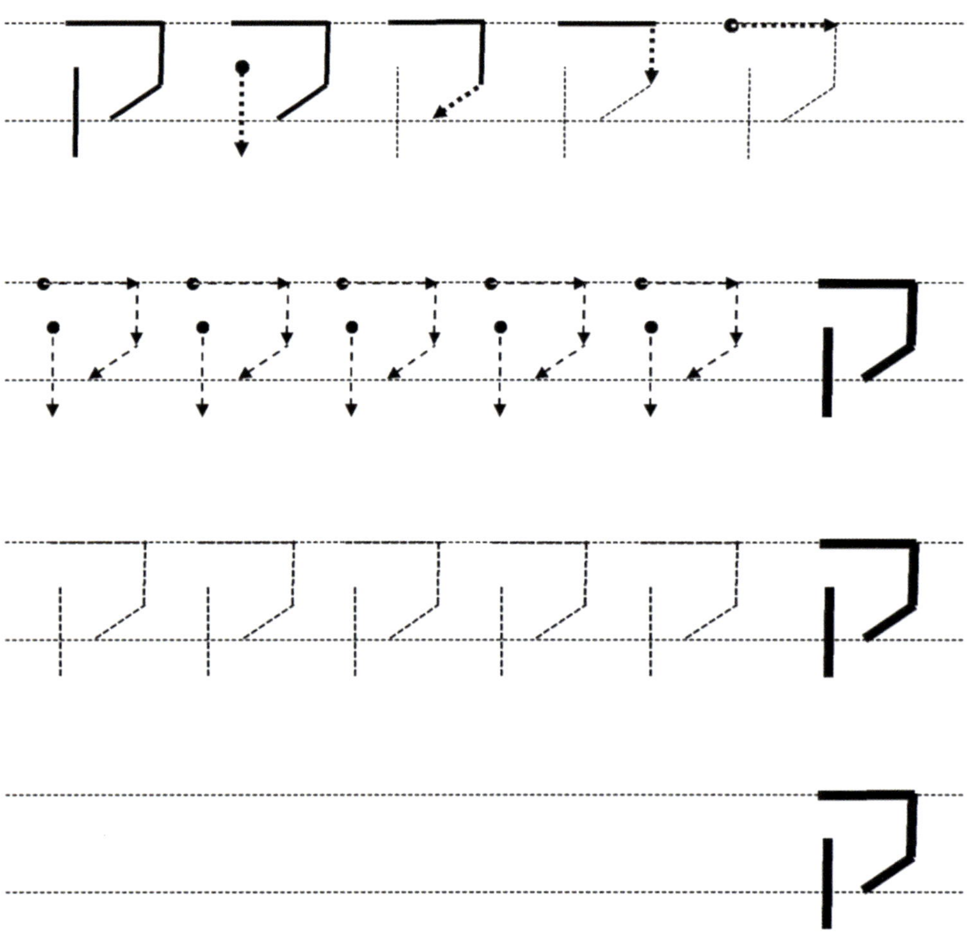

Leseübung 1

קַ קֵ קָ ק קַ ק קָ קֵ קָ קֵ קָ קֵ ק קַ ק קָ קֵ קַ קֵ קָ ק קַ ק קָ

Wörter

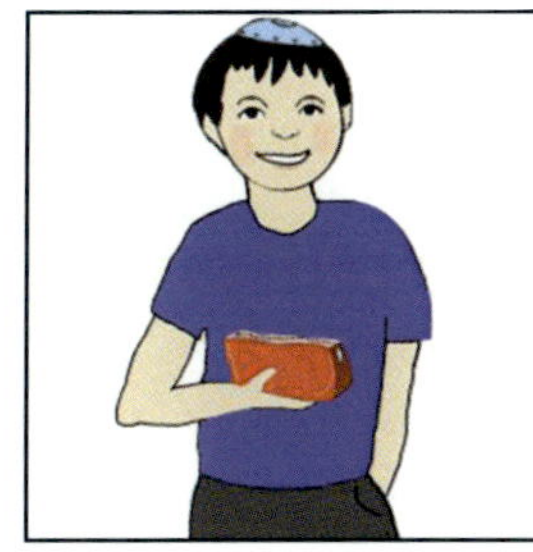

לְשַׁחַר קַלְמָר.

לְחַנָּה קְעָרָה.

עַל הָהָר קַר.

רַק שַׁחַר נָח.

Wörter

dt.	*Umschrift*	*Hebr .*	*Nr.*
Federmappe, m.	**kalmar**	קַלְמָר	20
Schüssel, w.	**keara**	קְעָרָה	21
kalt, m.	**kar**	קַר	22
nur	**rak**	רַק	23

Lesen, verstehen und abschreiben

לְשַׁחַר קַלְמָר. ....

לְחַנָּה קְעָרָה. ....

עַל הָהָר קַר. ....

לְשַׁחַר קַר.

לְחַנָּה קַר.

רַק שַׁחַר נָח.

Ergänze die folgenden Sätze

לְ______ ______ .	לְ______ ______ .
רַק ______ ______ .	______ ______ נָח .

Schneide die Buchstaben (Anhang 4) aus und klebe sie an die richtige Stelle.

ק	ק	ק	ק
קַ לְ מָ ר	קַ ר	קְ עָ רָ ה	רַ ק

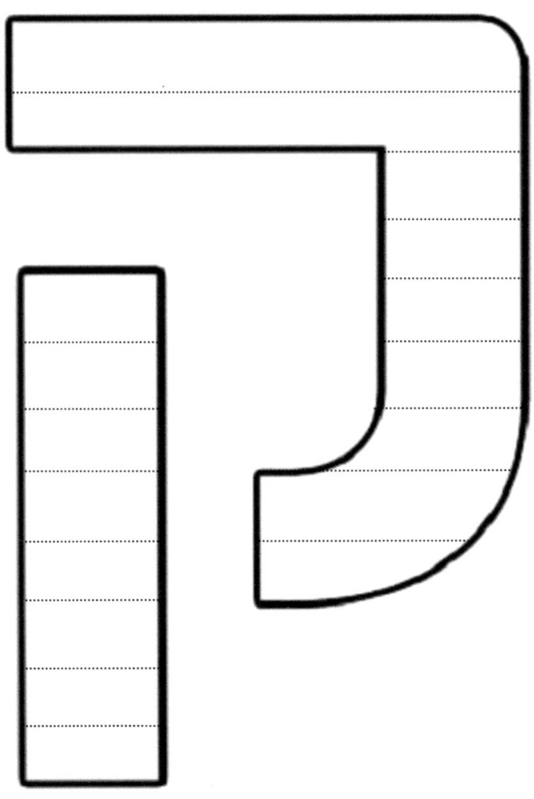

אבגדהוזחטיכלמנסעפצקרשת ךםןףץ

Buchstabe

(Jod) י

j = י

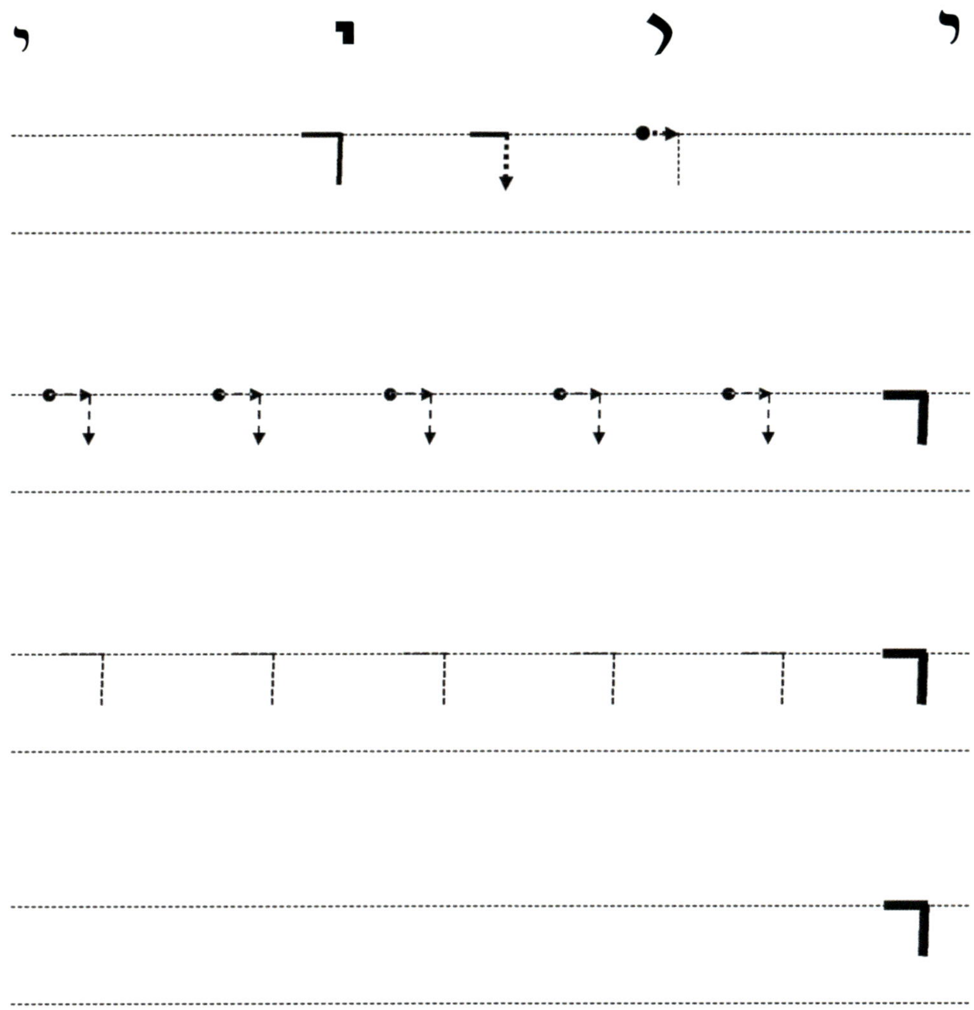

Leseübung 1

יְ יָ יַ י יְ יַ י יָ יְ יָ יְ יָ יַ י יְ יַ י יָ יְ יָ יְ יָ יַ י יְ יָ יְ יָ יַ י יְ יַ יַ י

Leseübung 2

יְ קַ י קְ יַ קָ יְ ק יַ קַ יָ ק יְ קָ קְ יָ קָ יָ קְ י קְ יַ קָ יְ ק יַ קַ ע

Leseübung 3

יְ קַ י קְ שְׁ יַ מְ קָ יְ ק יַ רְ קַ מְ יָ רְ ק יְ קָ קְ קָ שְׁ יָ קְ י קְ
יַ רְ קָ יְ ק נְ עַ מְ לְ עָ נְ עַ שַׁ קַ לְ עָ שְׁ מַ יַ נְ ע מְ יָ נְ ע

Wörter

מַה עַל הַנְּיָר?
הַקַּלְמָר עַל הַנְּיָר.

מַה יָשָׁר?
הַנְּיָר יָשָׁר.

הַלַּיְלָה קַר.

Wörter

Nr.	*Hebr .*	*Umschrift*	*dt.*
24	נְיָר	**nejar**	**Papier, m.**
25	יָשָׁר	**jaschar**	**gerade, m.**
26	לַיְלָה	**láila**	**Nacht, m.**

Lesen, verstehen und abschreiben

לְשַׁחַר נְיָר יָשָׁר. ....
מַה עַל הַנְּיָר? ....
הַקַּלְמָר עַל הַנְּיָר. ....

מַה יָּשָׁר ? ....

הַנְּיָר יָשָׁר. ....

הַלַּיְלָה קַר. ....

Ergänze die folgenden Sätze

לְ..........	.... ?
.... עַל הַ .... ?	הַ.......... ....
הַ.......... .... הַ.......... .	הַ.......... ....

Schneide die Buchstaben (Anhang 4) aus und klebe sie an die richtige Stelle.

י	י	י
נְ יָ ר	לַ יְ לָ ה	יָ שָׁ ר

Lies die Geschichte

קַר

לְמַעְלָה עַל הָהָר קַר.

רַק שַׁחַר עַל הָהָר.

לְשַׁחַר קַר.

Vokal e

Der Vokal **e** wird mit den folgenden Zeichen unter dem Buchstaben dargestellt:

langes **e** wie in Lehrer ◌ֵ

kurzes **e** wie in Kern = ◌ֶ

Beispiel

me = מֵ
le = לֶ

Leseübung 1

רֶ רֵ יֶ יֵ הֶ הֵ נֶ נֵ חֶ חֵ שֵׁ שֶׁ מֶ מֵ לֶ לֵ עֶ עֵ קֶ קֵ רֶ יֶ הֵ נֶ חֶ
עֶ יֶ רֵ רֶ שֶׁ מֵ לֶ קֵ נֵ רֵ עֶ רֶ יֶ שֵׁ הֵ נֶ לֵ יֵ חֶ עֵ קֶ שֶׁ יֶ לֶ קֵ נֵ

Wörter

עַל הַקְּעָרָה
יֵשׁ נֵר.

לְחַנָּה יֵשׁ נֵר.

לְשַׁחַר יֵשׁ נְיָר.

Wörter

dt.	*Umschrift*	*Hebr .*	*Nr.*
es gibt	**jesch**	יֵשׁ	27

Kerze, m.	ner	נֵר	28

Lesen, verstehen und abschreiben

מַה יֵשׁ לְשַׁחַר ? ....

לְשַׁחַר יֵשׁ נְיָר. ....

מַה יֵשׁ לְחַנָּה ? ....

לְחַנָּה יֵשׁ נֵר. ....

עַל הַקְּעָרָה יֵשׁ נֵר. ....

עַל הַנְּיָר יֵשׁ קַלְמָר. ....

Ergänze die folgenden Sätze

מַה ...... לְ...... ?	.... הַ...... ?
לְ...... ...... נְיָר.	...... הַ...... ....
מַה ...... לְ...... ?	.... הַנְּיָר ?
לְ......	...... הַ...... ....

Schneide die Buchstaben (Anhang 4) aus und klebe sie an die richtige Stelle.

יֵ	שׁ		נֵ	ר

Leseübung 2

הֶ חֵ שֶׁ שֵׁ קְ מֶ קֵ רֶ יֶ עְ הֵ שֶׁ מֵ לֶ קֵ נֵ רֵ קָ עֶ שֵׁ הֵ נֶ לֵ חֶ

עֵ קֵ שֶׁ יֵ לֶ יָ קֵ נֵ רֵ עֶ רֶ יְ חַ י קְ שְׁ נֵ יַ מְ ק לֶ יְ קָ שְׁ קְ יַ

רְ קָ יְ ק עֶ נְ עַ מְ לְ מַ קֶ נְ עַ לְ קַ נֶ לְ עָ שְׁ יֵ לְ חֶ נְ

Wörter

הַנֵּר שֶׁל חַנָּה
עַל הַקְּעָרָה.

הַנְּיָר שֶׁל שַׁחַר
יָשָׁר.

מַה יֵּשׁ לְמַעְלָה?
לְמַעְלָה יֵשׁ שֶׁמֶשׁ.

שַׁחַר שָׁר מַהֵר.

Wörter

dt.	*Umschrift*	*Hebr .*	*Nr.*
von	**schel**	שֶׁל	29
Sonne	**schémesch**	שֶׁמֶשׁ	30
schnell	**maher**	מַהֵר	31

Lesen, verstehen und abschreiben

הַנֵּר שֶׁל חַנָּה עַל הַקְּעָרָה . ...

הַנְּיָר שֶׁל שַׁחַר יָשָׁר. ....

מַה יֵּשׁ לְמַעְלָה ? ....
הַשֶּׁמֶשׁ לְמַעְלָה . ...
שַׁחַר שָׁר מַהֵר . ...

Ergänze die folgenden Sätze

הַ .... חַנָּה .	שַׁחַר ....
הַ .... שַׁחַר.	חַנָּה ....
הַ	לָמָּה שַׁחַר .... ?

Schneide die Buchstaben (Anhang 4) aus und klebe sie an die richtige Stelle.

שֶׁ	ל

שֶׁ	מֶ	שׁ

מַ	הֵ	ר

Lies die Geschichte

הַנְּיָר

מַה יֵּשׁ לְשַׁחַר?

לְשַׁחַר יֵשׁ נְיָר.

הַנְּיָר שֶׁל שַׁחַר יָשָׁר.

אבגדהוזחטיכלמנסעפצקרשת ךםןףץ

Buchstabe

(Dalet) ד

d = ד

ד ד ד ד

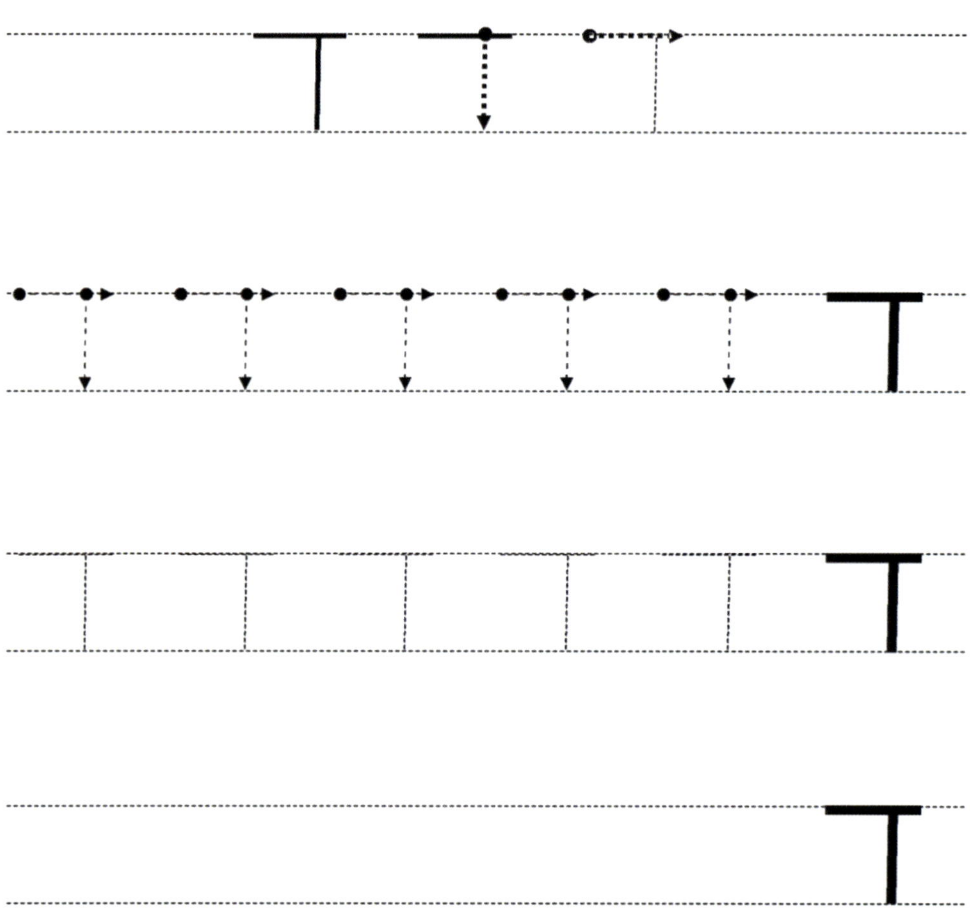

Leseübung 1

דָ דְ ד דַ דֵ דֶ דְ דָ דְ ד דַ דֵ דֶ דָ דְ ד דָ דַ דְ ד דַ דֵ דֶ דְ דָ דְ

Wörter

שַׁחַר יֶלֶד.

חַנָּה יַלְדָּה.

חַנָּה לְיַד שַׁחַר.

הַיַּלְדָּה חַנָּה
עַל הַנַּדְנֵדָה.

לְחַנָּה יֵשׁ חֶדֶר.

Wörter

dt.	*Umschrift*	*Hebr .*	*Nr.*
Kind, Junge	**jéled**	יֶלֶד	32
Mädchen	**jalda**	יַלְדָּה	33
neben	**lejad**	לְיַד	34
Schaukel, w.	**nadneda**	נַדְנֵדָה	35
Zimmer, m.	**cheder**	חֶדֶר	36

Lesen, verstehen und abschreiben

שַׁחַר יֶלֶד.	....
חַנָּה יַלְדָּה.	....
חַנָּה לְיַד שַׁחַר.	....
הַיַּלְדָּה חַנָּה עַל הַנַּדְנֵדָה.	....
מַה יֵּשׁ לְיַד שַׁחַר ?	....
לְיַד שַׁחַר יֵשׁ נְיָר .	....
מַה יֵּשׁ לְיַד חַנָּה ?	....
לְיַד חַנָּה יֵשׁ קְעָרָה .	....
לְחַנָּה יֵשׁ חֶדֶר.	....

Ergänze die folgenden Sätze

....	הַ........ ....
....	.... שַׁחַר ?
....	.... שַׁחַר ....
הַ........	.... לְ........ ?
הַ........	לְ........ ....

Schneide die Buchstaben (Anhang 4) aus und klebe sie an die richtige Stelle.

ד ד	ד	ד	ד	ד
נַ דְ נֵ דָ ה	יֶ לֶ ד	יַ לְ דָּ ה	לְ יַ ד	חֶ דֶ ר

Vokal a

Der kurze Vokal **a** wird mit den folgenden Zeichen unter dem Buchstaben dargestellt:

kurzes **a**, unbetont = ◌ֲ

s. Anhang 2. Nr. 3

Leseübung 1

הֲ עֲ חֲ הֲ עֲ חֲ הֲ עֲ חֲ הֲ הֲ עֲ חֲ הֲ עֲ חֲ הֲ עֲ חֲ הֲ עֲ חֲ הֲ עֲ

Leseübung 2

דָ חֲ ד עֲ דַ דְ הֲ דֵ עֲ דְ דַ דֵ הֲ ד חֲ דַ הֲ עֲ דֶ חֲ דָ הֲ דְ דְ עֲ

Wörter

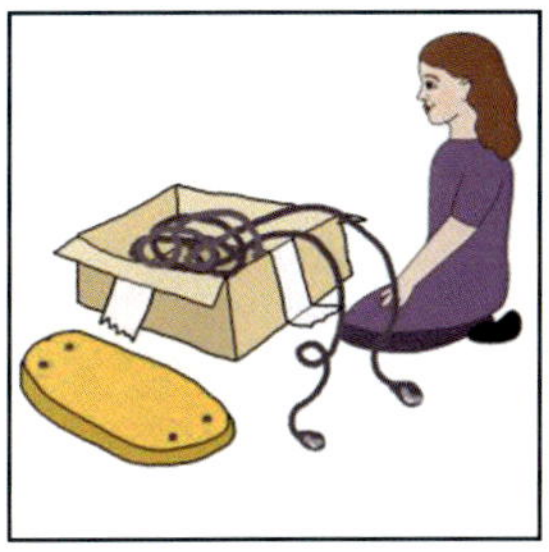

הַנַּדְנֵדָה שֶׁל
חַנָּה חֲדָשָׁה.

הַנְּיָר שֶׁל
שַׁחַר חָדָשׁ.

עַל הָהָר
יֵשׁ עֲנָק.

Wörter

dt.	*Umschrift*	*Hebr .*	*Nr.*
Riese, m.	**anak**	עֲנָק	37
neu, m.	**chadasch**	חָדָשׁ	38
neu, w.	**chadascha**	חֲדָשָׁה	39

Lesen, verstehen und abschreiben

מַה יֵּשׁ עַל הָהָר? ....

עַל הָהָר יֵשׁ עֲנָק. ....

הַנְּיָר שֶׁל שַׁחַר חָדָשׁ. ....

הַנַּדְנֵדָה שֶׁל חַנָּה חֲדָשָׁה. ....

הַיַּלְדָּה הַחֲדָשָׁה שָׁרָה לְיַד ....

הַיֶּלֶד הֶחָדָשׁ. ....

Ergänze die folgenden Sätze

.... הָ...... ?	לְ...... יֵשׁ ....
...... הָ...... יֵשׁ	לְ...... יֵשׁ ....
....	הַ...... ...... שַׁחַר ....
....	הַ...... ...... חַנָּה ....

יֶלֶד חָדָשׁ.   יַלְדָּה חֲדָשָׁה .

נֵר ....   נְמָלָה ....

קַלְמָר ....   קְעָרָה ....

שַׂעַר ....   חַלָּה ....

חֶדֶר ....   נַדְנֵדָה ....

Schneide die Buchstaben (Anhang 4) aus und klebe sie an die richtige Stelle.

עֲ	נָ	ק

חֲ	דָ	שָׁ	ה

חָ	דָ	שׁ

אבגדהוזחטיכלמנסעפצקרשת דםןףץ

Buchstabe

(Tav) ת

t = ת

ת ת ת ת

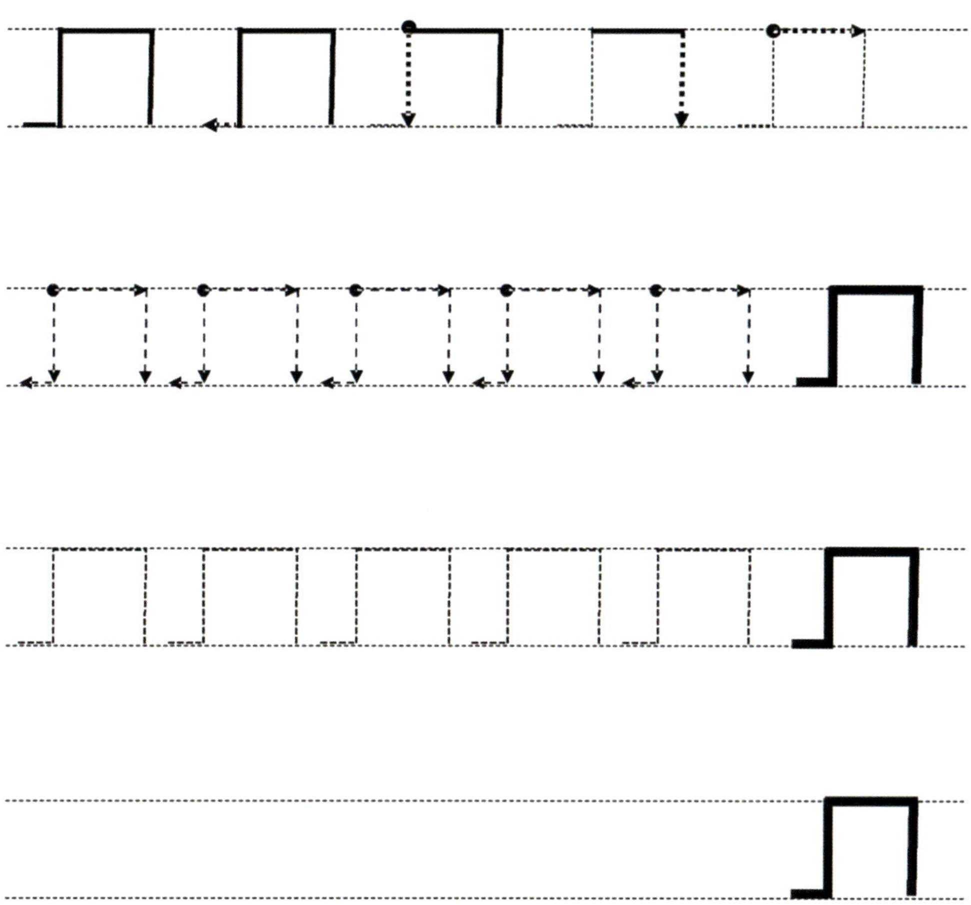

Leseübung 1

תָ תֶ תַ תֵ תְ ת תָ תֶ תַ תֵ תְ ת תָ תֶ תַ תֵ תַ תֵ תְ ת תָ תֶ תַ

Leseübung 2

דָ תֶ דְ חֲ ד עֲ תֶ דֶ דַ תֵ דְ הֲ תַ דֵ עֲ תְ דְ דַ דֵ הֲ ד תָ חֲ ד עֲ

Leseübung 3

רֶ תַ יֶ תָ הֲ נֶ תְ חֵ ת שֶׁ מֶ עֲ לֵ עֶ קֶ הֲ תֵ חֲ תֶ הֲ נֵ הֶ עֵ הֲ

מֵ לֶ חֲ דָ יֵ חֲ דְ חֲ דֵ עֲ רֵ ד הֲ הֵ דַ חֶ דְ עֲ רֶ תַ יֶ תָ לֵ עֲ שֵׁ

Wörter

הַיַּלְדָּה תָּמָר
לְיַד חַנָּה.

לְתָמָר יֵשׁ
מַתָּנָה חֲדָשָׁה.

הַשַּׁרְשֶׁרֶת שֶׁל
תָּמָר חֲדָשָׁה.

Wörter

dt.	Umschrift	Hebr .	Nr.
Tamar, Name, w.	**tamar**	תָּמָר	40
Geschenk, w.	**matana**	מַתָּנָה	41
Kette, w.	**scharschéret**	שַׁרְשֶׁרֶת	42

Lesen, verstehen und abschreiben

הַיַּלְדָּה חַנָּה לְיַד תָּמָר.

לְתָמָר יֵשׁ מַתָּנָה חֲדָשָׁה.

מַה הַמַּתָּנָה שֶׁל תָּמָר ?

שַׁרְשֶׁרֶת חֲדָשָׁה.

מַה הַ______ ______ ______? ______ ______.	לְ______ ______ ______. לְ______ ______ ______.

נָהָר חָדָשׁ. שַׁרְשֶׁרֶת חֲדָשָׁה.

הַר ______. מַתָּנָה ______.

נָחָשׁ ______. נַדְנֵדָה ______.

Schneide die Buchstaben (Anhang 4) aus und klebe sie an die richtige Stelle.

ת
מַ תָּ נָ ה

ת
תָּ מָ ר

ת
שַׁ רְ שֶׁ רֶ ת

Lies die Geschichte

הַמַּתָּנָה שֶׁל חַנָּה

לַיַּלְדָּה חַנָּה יֵשׁ מַתָּנָה חֲדָשָׁה.

הַמַּתָּנָה לְיַד הַחֶדֶר שֶׁל חַנָּה.

מַה הַמַּתָּנָה שֶׁל חַנָּה?

נַדְנֵדָה חֲדָשָׁה.

אבגדהוזחטיכלמנסעפצקרשת ךםןףץ

Buchstabe

(Gimmel) ג

g = ג

ג ג ג ג

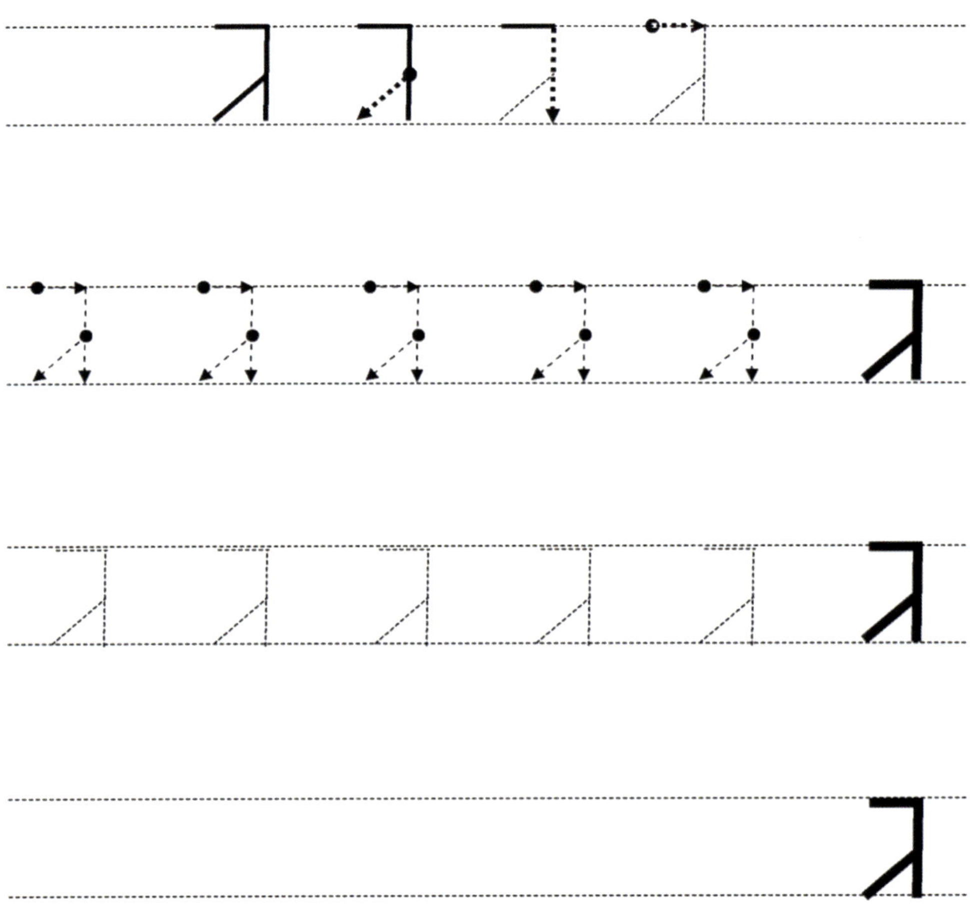

Leseübung 1

גַ גְ גֶ גֵ ג גַ גְ גָ גֶ גָ גֵ ג גַ גָ גֶ גְ ג גֵ ג גֶ גְ גַ גְ גָ גֶ גָ גֵ ג גַ גָ

Wörter

הַיֶּלֶד גָּר
לְיַד הָהָר

הַיַּלְדָּה גָּרָה
לְיַד הַיֶּלֶד.

הַדַּיָּג גָּר
לְיַד הַנָּהָר.

לַדַּיָּג יֵשׁ דָּג.

Wörter

dt.	*Umschrift*	*Hebr .*	*Nr.*
wohnt, sg. m.	**gar**	גָּר	43
wohnt, sg. w.	**gára**	גָּרָה	44
Fischer, m.	**dajag**	דַּיָּג	45
Fisch, m.	**dag**	דָּג	46

הַיֶּלֶד גָּר לְיַד הָהָר. ....

הַיַּלְדָּה גָּרָה לְיַד הַיֶּלֶד. ....

הַדָּג גָּר לְיַד הַדַּיָּג . ...

הַנָּחָשׁ גָּר עַל הָהָר ....

לְיַד הַשַּׁעַר. ....

הַדַּיָּג גָּר לְיַד הַנָּהָר. ....

הָעֲנָק גָּר לְמַעְלָה ....

עַל הָהָר. ....

מַה יֵּשׁ לַדַּיָּג? ....

לַדַּיָּג יֵשׁ דָּג. ....

Ergänze die folgenden Sätze

?............ לַ............	הַ............ .... לְיַד הָ............ .
. ... לַ............	הַ............ .... לְיַד הַ............ .
. ... וְהַיַּלְדָּה .... הַיֶּלֶד	הַ............ .... הַ............ .

יֶלֶד גָּר . | יַלְדָּה גָּרָה .

שַׁחַר .... | חַנָּה ....

דַּיָּג .... | תָּמָר ....

עֲנָק .... | נְמָלָה ....

Schneide die Buchstaben (Anhang 4) aus und klebe sie an die richtige Stelle.

ג | ג | ג | ג

גָּ ר | גָּ רָ ה | דַּ יָּ ג | דָּ ג

אבגדהוזחטיכלמנסעפצקרשת ךםןףץ

Buchstabe

(Alef) א

stumm; erhält seinen Laut nur durch einen Vokal = א

א א א א

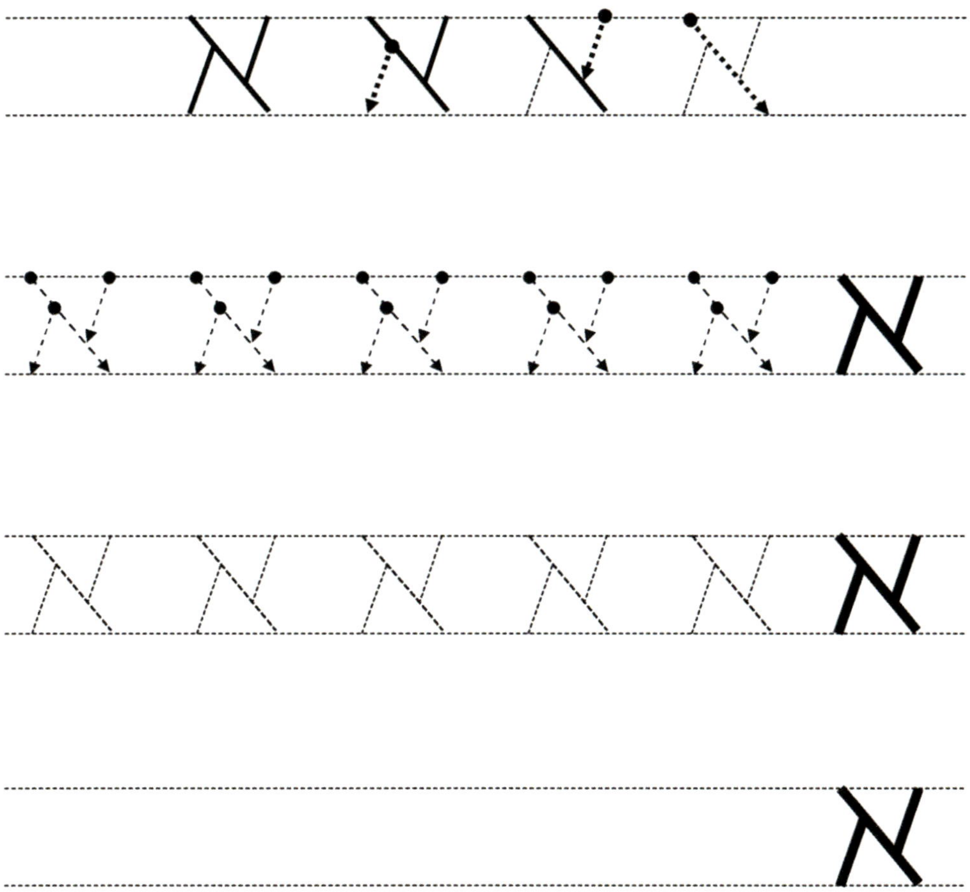

Leseübung 1

אָ אֶ אַ אֵ א אַ אֲ אֶ אֵ אַ אֶ אֵ אַ אֶ אֵ א אֲ אָ אֶ אַ אֵ א אַ אֲ

Leseübung 2

גִ אָ גַ אָ גִ אַ אֵ גֵ א גַ גִ אַ גֶ אֶ גֶ אֶ גֵ אֲ גַ אָ גִ אַ אֵ גֵ א גַ

Wörter

אַתָּה דַּיָּג ?

אַתְּ חַנָּה ?

אַתָּה שַׁחַר ?

Wörter

dt.	Umschrift	Hebr .	Nr.
du, m.	**ata**	אַתָּה	47
du, w.	**at**	אַתְּ	48

Lesen, verstehen und abschreiben

אַתָּה שַׁחַר ?

אַתָּה גָּר לְיַד חַנָּה ?

אַתְּ חַנָּה ?

אַתְּ גָּרָה לְיַד שַׁחַר ?

אַתָּה דַּיָּג ?

אַתָּה גָּר לְיַד הַנָּהָר ?

אַתְּ תָּמָר ?

אַתְּ הַיַּלְדָּה שֶׁל הַדַּיָּג ?

אַתָּה הַיֶּלֶד שֶׁל הָעֲנָק ?

אַתָּה גָּר לְמַעְלָה עַל הָהָר ?

לָמָּה אַתָּה שָׁר לְמַעְלָה ……………………
עַל הָהָר ? ……………………

אַתָּה שַׁחַר ? ……………………

אַתְּ תָּמָר ? ……………………

אַתְּ חַנָּה ? ……………………

מַה אַתָּה שָׁר ? ……………………

מַה אַתְּ שָׁרָה ? ……………………

לָמָּה אַתָּה נָח ? ……………………

לָמָּה אַתְּ נָחָה ? ……………………

Ergänze die folgenden Sätze

…… הַ…… שֶׁל הָ…… ?	…… שַׁחַר ?
…… גָּר …… עַל הָ…… ?	…… גָּר …… …… ?
…… …… שָׁר …… ……	…… חַנָּה ?
…… הָ…… ?	…… גָּרָה …… …… ?
…… …… שָׁר ?	…… דַּיָּג ?
…… …… נָחָה ?	…… גָּר …… הַ…… ?
…… …… שָׁרָה ?	…… תָּמָר ?
…… …… נָח ?	…… גָּרָה …… הַ…… ?

Schneide die Buchstaben (Anhang 4) aus und klebe sie an die richtige Stelle.

א
אַ תָּ ה

א
אַ תְּ

אבגדהוזחטיכלמנסעפצקרשת דםןףץ

Buchstabe

ו (Vav)

ו = v

ו ו ו ו

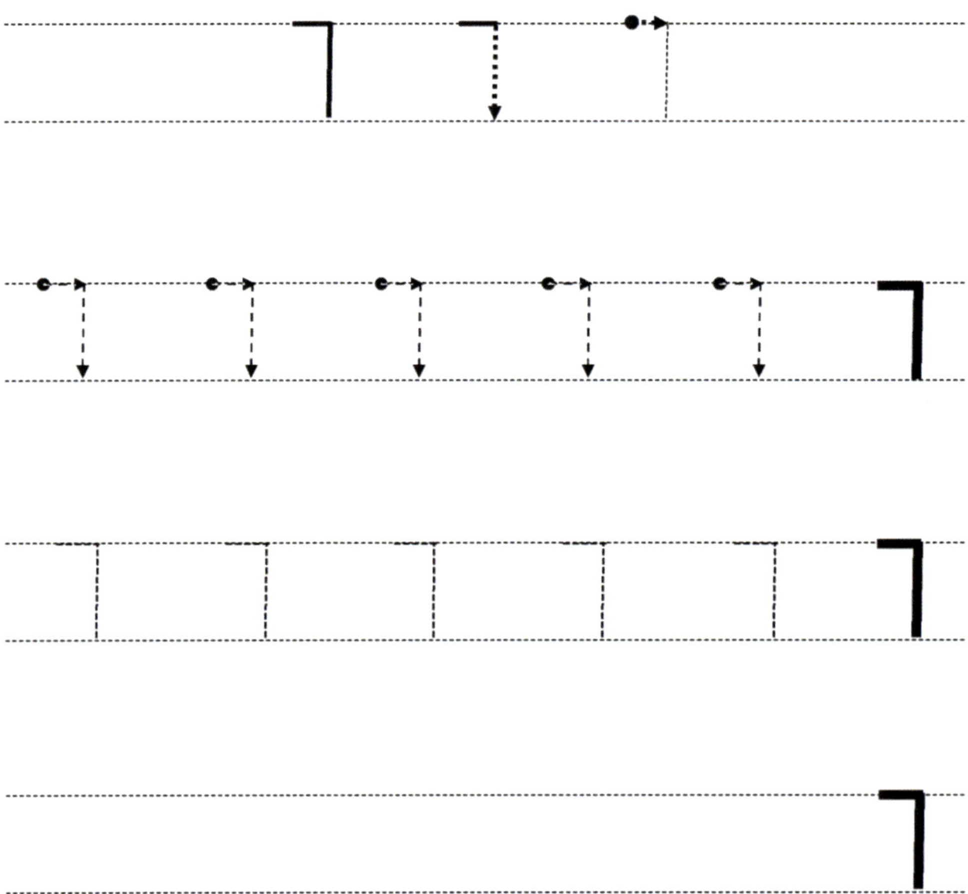

Leseübung 1

וֵ וֶ וָ וַ ו וְ וֵ וֶ וָ וַ ו וְ וֵ וֶ וָ וַ ו וְ וֵ וֶ וָ וַ ו וֶ וָ וַ ו וְ וֵ וֶ וָ וַ ו

Leseübung 2

וֶ גְ וַ אָ וֶ אָ גְ אָ וְ גְ אַ גַ אֵ וַ גֵ א וְ גַ גְ אַ וֵ גֶ וָ אָ גְ אַ גְ וַ

אַ וְ גַ אֶ גֶ אָ ו גֵ וֵ אֲ ו גַ אֵ גֵ א וְ גַ גְ אַ וֵ גֶ וָ גְ אַ וֶ אָ וֶ אֶ וְ

Leseübung 3

רֶ וְ גֶ תַ יֵ תָ הֲ אָ נֶ אֶ וֵ תְ חֵ ת שֶׁ גַ וָ אֵ מֶ עֲ אֱ לֵ גַ עֶ חֶ וַ

גְ קֶ הֲ אַ תֵ גְ חֲ תֶ הֲ נֵ הֶ עֵ הֲ אֶ ג שֵׁ עֲ מֵ לֶ חֲ א דָ יֵ חֲ גֵ

דְ ו חֲ דֵ עֲ רֵ אֲ ד הֲ הֵ דַ דֶ וֶ גָ שֶׁ גַ וָ אֵ מֶ עֲ אֱ לֵ גַ וְ גֶ עֲ

Wörter

לְיַד הַנָּהָר יֵשׁ
וֶרֶד חָדָשׁ .

הַיֶּלֶד וְהַיַּלְדָּה
לְיַד הַנַּדְנֵדָה .

לְתָמָר יֵשׁ וֶרֶד
וְלַדַּיָּג יֵשׁ דָּג.

Wörter

dt.	Umschrift	Hebr .	Nr.
Rose, m.	**véred**	וֶרֶד	49
und	**ve**	וְ	50

1 . Die Konjunktion **und** besteht aus dem Buchstaben Vav mit Schva und wird dem Wort vorangestellt: ....וְ (nähere Erläuterungen s. Anhang 2) .

Lesen, verstehen und abschreiben

לְיַד הַנָּהָר יֵשׁ וֶרֶד חָדָשׁ . ...

הַיֶּלֶד וְהַיַּלְדָּה לְיַד הַנַּדְנֵדָה . ...

אַתָּה יֶלֶד וְאַתְּ יַלְדָּה. ....

לְתָמָר יֵשׁ וֶרֶד וְלַדַּיָּג ....

יֵשׁ דָּג. ....

Ergänze die folgenden Sätze

לְ______ ______ ______ .	לְ______ הַ______ ______ ______ ______.
הַדַּיָּג הַ______ ______ לְיַד ______נָּהָר .	הַ______ הַ______ לְיַד הַ______.

Schneide die Buchstaben (Anhang 4) aus und klebe sie an die richtige Stelle.

ו				ו
וְ		ד	רֶ	וֶ

Lies die Geschichte

תָּמָר וְהַדַּיָּג

הַדַּיָּג וְתָמָר לְיַד הַנָּהָר.

מַה יֵשׁ לַדַּיָּג?

לַדַּיָּג יֵשׁ דָּג.

מַה יֵשׁ לְתָמָר?

לְתָמָר יֵשׁ וֶרֶד.

Vokal i

Der Vokal **i** wird mit den folgenden Zeichen dargestellt:

Beide Zeichen für **i** haben mittlere Länge	i = ◌ִ
	i = ◌ִי

Beispiel

i = אִ

mi = מִ

ni = נִי

Leseübung 1

הִ רִ נִ חִ שִׁ מִ לִ עִ קִ יִ דִ תִ גִ אִ וִ הִ רִ נִ חִ שִׁ מִ לִ עִ קִ יִ

Leseübung 2

לִ שִׁ תִי הִ עִ קִ יִ מִי אִי דִ הִ רִ אִ וִ נִ חִ מִ רִ נִי גִ תִי חִי
רִי לִ רִי וִ דִי הִי רִ נִ שִׁי עִ קִ יִ מִי אִי דִ הִ רִ אִ וִ נִ חִ מִ רִ

Leseübung 3

קִ וֶ נִי גְ קִ נִ וַ עִ אָ וִ וֶ הִי גִ אָ רִ אֵ תִי וַ גֵ הִ א חִי וְ יִ גַ
רִ גְ נִ אַ אִ וֵ דִי גֶ מִי אָ לִ וַ שִׁ וֶ הִ וִ אָ חִ וְ עִ אֶ רִי גֶ נִ יִ
ו מִ וֵ אֱ מִ ו רִ גַ אֵ רִ גֵ א וְ גַ גְ חִ אַ אִי גֶ תִי שִׁי וָ דִ וִ

Wörter

אֲנִי שַׁחַר.

הָאִישׁ גָּר
לְיַד הָהָר.

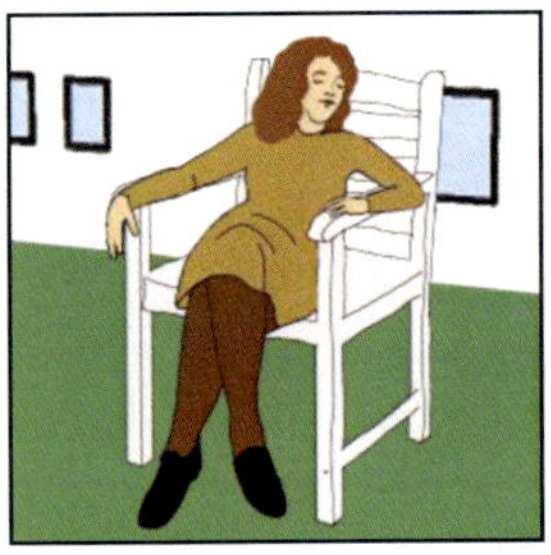

הָאִשָּׁה שֶׁל
הַדַּיָּג נָחָה.

הִיא גָּרָה
לְיַד הַנָּהָר.

תָּמָר שָׁרָה
שִׁיר חָדָשׁ.

Wörter

dt.	*Umschrift*	*Hebr .*	*Nr.*
ich, m. & w.	**ani**	אֲנִי	51
Mann	**isch**	אִישׁ	52
Frau	**ischa**	אִשָּׁה	53
sie, sg. w.	**hi**	הִיא	54
Lied, m.	**schir**	שִׁיר	55

Lesen, verstehen und abschreiben

אֲנִי שַׁחַר. ....

אֲנִי חַנָּה. ....

אֲנִי יֶלֶד וְאַתְּ יַלְדָּה. ....

אֲנִי אִישׁ וְאַתְּ אִשָּׁה. ....

הָאִישׁ שָׁר וְהָאִשָּׁה שָׁרָה. ....

הָאִישׁ גָּר לְיַד הָהָר. ....

הָאִשָּׁה שֶׁל הַדַּיָּג נָחָה. ....

הִיא גָּרָה לְיַד הַנָּהָר. ....

מַה תָּמָר שָׁרָה ? ....

הִיא שָׁרָה שִׁיר חָדָשׁ. ....

תָּמָר הַיַּלְדָּה שֶׁל הַדַּיָּג . ...

Ergänze die folgenden Sätze

.... חַנָּה .	תָּמָר .... לְיַד הַ.......... .
.... דַּיָּג .	.... הַ.......... שֶׁל ....דַּיָּג .
הָ.......... שָׁר וְהָ..........	.... תָּמָר ....?
הָ.......... גָּר וְהָ..........	.... שָׁרָה ....

Schneide die Buchstaben (Anhang 4) aus und klebe sie an die richtige Stelle.

| אִ | שָּׁ | ה |

| אִ | י | שׁ |

| אֲ | נִ | י |

| הִ | י | א |

| שִׁ | י | ר |

Wörter

מִי אַתְּ ?
אֲנִי חַנָּה.

מִי אַתָּה ?
אֲנִי שַׁחַר.

לְמִי יֵשׁ קַלְמָר
חָדָשׁ ? לְשַׁחַר.

הַשַּׁרְשֶׁרֶת
מִתָּמָר .

מִי הִיא ? הִיא
הָאִמָּא שֶׁל חַנָּה.

הַמִּלָּה אִמָּא הִיא
מִלָּה חֲדָשָׁה.

Wörter

dt.	*Umschrift*	*Hebr .*	*Nr.*
wer?	**mi**	מִי	56
wem?	**lemi**	לְמִי	57
von, aus	**mi**	...מִ	58
Mutter, Mama	**íma**	אִמָּא	59
Wort, w.	**mila**	מִלָּה	60

5. Die Präposition **von** besteht aus dem Buchstaben Mem mit Vokal Chirik und wird dem Wort vorangestellt: ....מִ. Dazu kommt ein Punkt = Dagesch im folgenden Buchstaben (nähere Erläuterungen s. Anhang 2) .

Lesen, verstehen und abschreiben

מִי אַתְּ ? אֲנִי חַנָּה.

מִי אַתָּה ? אֲנִי שַׁחַר.

מִי הִיא ? הִיא תָּמָר.

לְמִי יֵשׁ קַלְמָר חָדָשׁ ?
לְשַׁחַר.

לְמִי יֵשׁ מַתָּנָה חֲדָשָׁה ?
לְתָמָר.

הַקַּלְמָר מִשַּׁחַר.

הַשַּׁרְשֶׁרֶת מִתָּמָר.

מִי הִיא ?

הִיא הָאִמָּא שֶׁל חַנָּה.

הַמִּלָּה אִמָּא הִיא מִלָּה
חֲדָשָׁה.

Ergänze die folgenden Sätze

...... יֵשׁ .... ?	...... ? ....
לְ...... יֵשׁ	...... ? ....
אֲנִי הָ...... שֶׁל	...... ? ....

הַ .... שַׁחַר וְהַ .... תָּמָר.	הַ .... חֲדָשָׁה.

תָּמָר שָׁרָה שִׁיר חָדָשׁ לְאִמָּא.

Ergänze folgende Sätze und beantworte die Fragen in Bezug auf den oberen Satz.

.... שָׁרָה .... תָּמָר ....   חָדָשׁ? .... לְ....... .
.... שָׁרָה לְ....... .... שָׁרָה לְ....... .... ? ....
.... שָׁרָה .... לְ....... ? .... לְ....... ....

Schneide die Buchstaben (Anhang 4) aus und klebe sie an die richtige Stelle.

מִ	י

לְ	מִ	י

מִ

אִ	מָּ	א

מִ	לָּ	ה

אִמָּא

מִי הָאִמָּא שֶׁל תָּמָר?

הָאִשָּׁה שֶׁל הַדַּיָּג.

הִיא גָּרָה לְיַד הַנָּהָר.

הַיַּלְדָּה תָּמָר שָׁרָה שִׁיר
חָדָשׁ לְאִמָּא.

אבגדהוזחטיכלמנסעפצקרשת ךםןףץ

Buchstabe

(Bet) בּ

b = בּ

ב ב ב ב

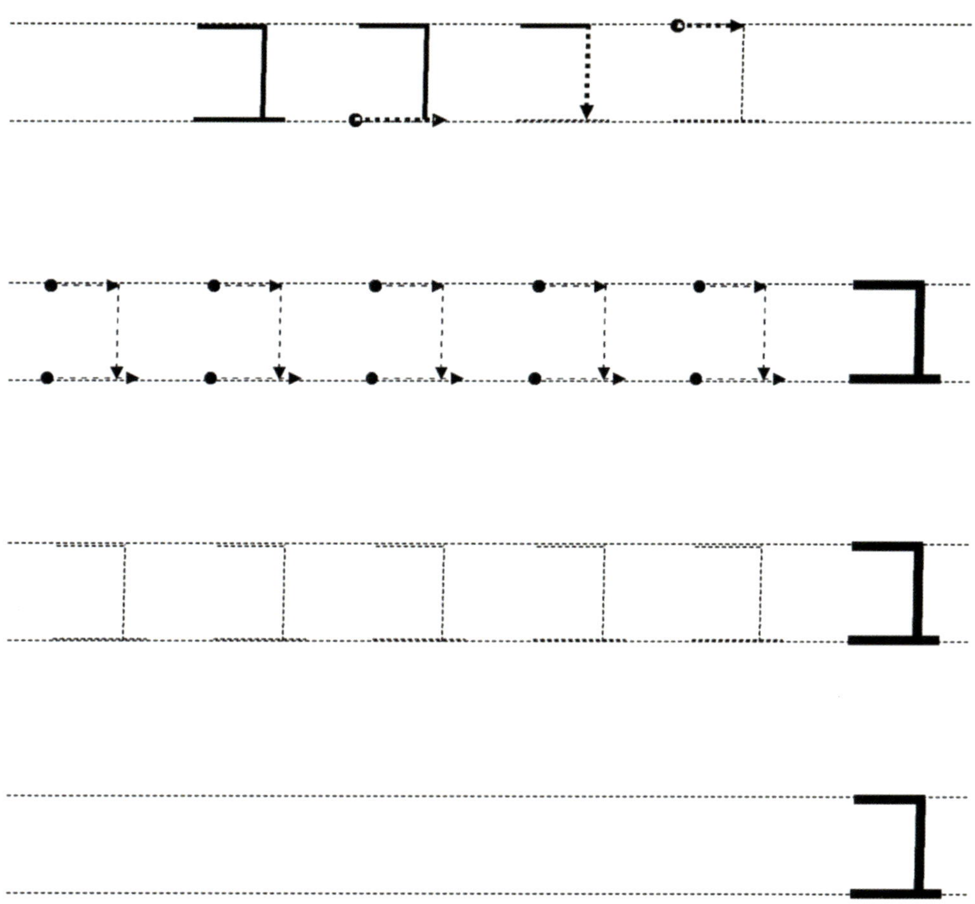

Leseübung 1

בִּ בָּ בַּ בֶּ בִּ בָּ בֵּ בְּ בּ בִּי בִּ בָּ בַּ בֶּ בְּ בּ בִּ בָּ בֵּ בְּ בּ בִּי בִּ

Wörter

הַבַּיִת שֶׁל
חַנָּה חָדָשׁ.

מַה יֵשׁ בַּחֶדֶר
שֶׁל חַנָּה ?

בַּחֶדֶר שֶׁל חַנָּה
יֵשׁ מַחְבֶּרֶת.

שַׁחַר מְדַבֵּר.

חַנָּה מְדַבֶּרֶת.

חַנָּה שָׁרָה
שִׁיר לְשַׁבָּת.

Wörter

dt.	*Umschrift*	*Hebr .*	*Nr.*
Haus, m.	**bájit**	בַּיִת	61
in dem, in der, in denen	**ba**	...בַּ	62
Heft, w.	**machberet**	מַחְבֶּרֶת	63
spricht, sg. m.	**medaber**	מְדַבֵּר	64

spricht, sg. w.	medaberet	מְדַבֶּרֶת	65
Schabat,w.	schabat	שַׁבָּת	66

6. Die Präposition **in, an** besteht aus dem Buchstaben Bet und Schva und wird dem Wort vorangestellt: בְּ .
   Folgt aber auf בְּ der Artikel ha הַ, wird die Form zusammengezogen zu בַּ : בְּ + הַבַּיִת = בַּבַּיִת (nähere Erläuterungen s. Anhang 2).

Lesen, verstehen und abschreiben

מִי גָּר בַּבַּיִת הֶחָדָשׁ ?

חַנָּה גָּרָה בַּבַּיִת הֶחָדָשׁ.

מַה יֵּשׁ בַּחֶדֶר שֶׁל חַנָּה ?

בַּחֶדֶר שֶׁל חַנָּה יֵשׁ מַחְבֶּרֶת.

הַיֶּלֶד מְדַבֵּר וְהַיַּלְדָּה
מְדַבֶּרֶת.

הָאִישׁ מְדַבֵּר וְהָאִשָּׁה
מְדַבֶּרֶת.

מַה יֵּשׁ בַּבַּיִת ?

בַּבַּיִת יֵשׁ נֵר שֶׁל שַׁבָּת.

Die Frage steht grundsätzlich immer in der männlichen Person.

Ergänze die folgenden Sätze

…… יֵשׁ …… …… חַנָּה ?	לְ…… …… …… חָדָשׁ ?
…… שֶׁל …… …… חֶדֶר.	לְ…… …… …… חָדָשׁ .
…… יֵשׁ …… חֶדֶר …… חַנָּה ?	הָאִישׁ …… וְהָאִשָּׁה …… .

אֲנִי .... וְאַתְּ	חֶדֶר .... חַנָּה ....
הַדַּיָּג .... וְאִמָּא	חַנָּה שָׂרָה .... לְ........ .

Schneide die Buchstaben (Anhang 4) aus und klebe sie an die richtige Stelle.

בּ	בּ	בּ	בּ
בַּ יִ ת	מַ חְ בֶּ רֶ ת	שַׁ בָּ ת	מְ דַ בֵּ ר

בּ	בּ
מְ דַ בֶּ רֶ ת	בַּ ...

Wörter

שַׁחַר בָּא מֵהַבַּיִת
שֶׁל חַנָּה .

אִמָּא שֶׁל חַנָּה בָּאָה
מֵהַבַּיִת שֶׁל שַׁחַר.

אַבָּא שֶׁל שַׁחַר בָּא
מֵהַבַּיִת שֶׁל תָּמָר.

הַיַּלְדָּה בָּאָה לְאַבָּא .

Wörter

dt.	*Umschrift*	*Hebr .*	*Nr.*
kommt, sg. m.	**ba**	בָּא	67
kommt, sg. w.	**báa**	בָּאָה	68
Vater, Papa	**ába**	אַבָּא	69

Lesen, verstehen und abschreiben

שַׁחַר בָּא מֵהַבַּיִת שֶׁל חַנָּה . ...

אִמָּא שֶׁל חַנָּה בָּאָה מֵהַבַּיִת ....

שֶׁל שַׁחַר. ....

אַבָּא שֶׁל שַׁחַר בָּא מֵהַבַּיִת ....

שֶׁל תָּמָר. ....

הַיֶּלֶד בָּא לְאִמָּא . ...

הַיַּלְדָּה בָּאָה לְאַבָּא . ...

Ergänze die folgenden Sätze

. ...לְ ....הַ	....מֵהַ .
. ...לְ ....הַ	....מֵהַ .

Schneide die Buchstaben (Anhang 4) aus und klebe sie an die richtige Stelle.

	בּ				בּ		בּ
א	בָּ	אַ	ה	אָ	בָּ	א	בָּ

Buchstabe

ב (Vet)

ב = v

Leseübung 1

בַ בֶ בִי בָ בֵ בְ ב בִ בֶ בָ בֵ בַ בְ ב בַ בֶ בִ בֶ בִי בָ בֵ בְ ב בִ

Leseübung 2

בִּ בָּ בֵּ בּ בִּי בַּ ב בֶּ בְּ בּ בַ בַ בֶ בִי בָ בֶּ בֵ בִּ בְ בַּ ב בְּ בִ בֶ
בָ בֵ בַ בְ בִּ בֶ בָּ בִ בָּ בֶּ בְּ בּ בַ בַ בֶ בִי בָ בֶּ בֵ בִּ בְ בַּ ב בְּ

Leseübung 3

לִ ב בִּ תִי בֵ הִ בֶּ מִ עִ קִ יִ בַּ מִי בָ אִי בָּ דִ ר בֵּ הִ בּ רִ אִ
בֶ חִ וִ בַּ נִ ב חִ בֶּ מִ בַּ רִ בָ נִי גִ בִ תִי חִי בֵ רִי לִ רִי בְ וִ
דִי הִ רִ נִ בִּי שִׁי עִ בִי קִ בְּ יִ מִי אִי בֵּ דִ הִ בָּ רִ אִ וִ בַ בֶ נִ

Wörter

מִי מְדַבֵּר עִבְרִית ?
הֶחָבֵר שֶׁל שַׁחַר מְדַבֵּר עִבְרִית.

הַחֲבֵרָה שֶׁל חַנָּה מְדַבֶּרֶת עִבְרִית, הִיא
בָּאָה מִתֵּל אָבִיב.

הַדָּג בָּא מֵהַנָּהָר, אֲבָל הַחֲבֵרָה
הַחֲדָשָׁה שֶׁל חַנָּה בָּאָה מִתֵּל אָבִיב.

הָעַגְבָנִיָּה בַּקְּעָרָה.

Wörter

dt.	*Umschrift*	*Hebr .*	*Nr.*
Hebräisch, w.	**ivrit**	עִבְרִית	70
Freund, m.	**chaver**	חָבֵר	71
Freundin, w.	**chavera**	חֲבֵרָה	72
Tel Aviv	**tel aviv**	תֵּל אָבִיב	73
aber	**aval**	אֲבָל	74
Tomate, w.	**agvanija**	עַגְבָנִיָּה	75

Lesen, verstehen und abschreiben

מִי מְדַבֵּר עִבְרִית ?
הֶחָבֵר שֶׁל שַׁחַר מְדַבֵּר
עִבְרִית.
אִמָּא שֶׁל חַנָּה מְדַבֶּרֶת
בַּבַּיִת רַק עִבְרִית.

הַחֲבֵרָה שֶׁל חַנָּה מְדַבֶּרֶת	....
עִבְרִית, הִיא בָּאָה	....
מִתֵּל אָבִיב.	....
הַדָּג בָּא מֵהַנָּהָר, אֲבָל	....
הַחֲבֵרָה הַחֲדָשָׁה שֶׁל חַנָּה	....
בָּאָה מִתֵּל אָבִיב.	....
אַבָּא בָּא מֵהַבַּיִת וְאִמָּא	....
בָּאָה מֵהַבַּיִת, אֲבָל הָעֲנָק	....
בָּא מֵהָהָר .	....
מַה יֵּשׁ בַּקְּעָרָה ?	....
בַּקְּעָרָה יֵשׁ הָעַגְבָנִיָּה .	....

Ergänze die folgenden Sätze

.... מְדַבֵּר .... ? .... שֶׁל .... מְדַבֵּר .... הַ........ .... חַנָּה .... אִמָּא .... חַנָּה .... בַּ........ רַק .... שַׁחַר הֶ........ .... תָּמָר וְתָמָר הַ........ שֶׁל	הַ........ .... מֵ........ , ... הַ........ הַ........ .... חַנָּה .... מִ........ .... אַבָּא .... מֵ........ .... הָעֲנָק .... מֵ........ . חַנָּה גָּרָה בְּ........ .... הִיא .... רַק .... בַּ........ ? בַּ........ ....

Schneide die Buchstaben (Anhang 4) aus und klebe sie an die richtige Stelle.

ב ב ב ב

עִבְרִית   חָבֵר   חֲבֵרָה   עַגְבָנִיָּה

ב ב ב

תֵּל   אָבִיב   אֲבָל

עִבְרִית

מִי מְדַבֵּר עִבְרִית ?

אַבָּא מְדַבֵּר עִבְרִית וְאִמָּא
מְדַבֶּרֶת עִבְרִית .

הַחֲבֵרָה שֶׁל אִמָּא בָּאָה
מִתֵּל אָבִיב.
הִיא מְדַבֶּרֶת רַק עִבְרִית .

מִי שָׁר שִׁיר בְּעִבְרִית ?

שַׁחַר שָׁר שִׁיר בְּעִבְרִית וְחַנָּה שָׁרָה שִׁיר בְּעִבְרִית .

הַשִּׁיר שֶׁל שַׁחַר וְחַנָּה רַק בְּעִבְרִית .

אבגדהוזחטיכלמנסעפצקרשת דםןףץ

Buchstabe

(Kaf) כּ

k = כּ

כ כ כ כ

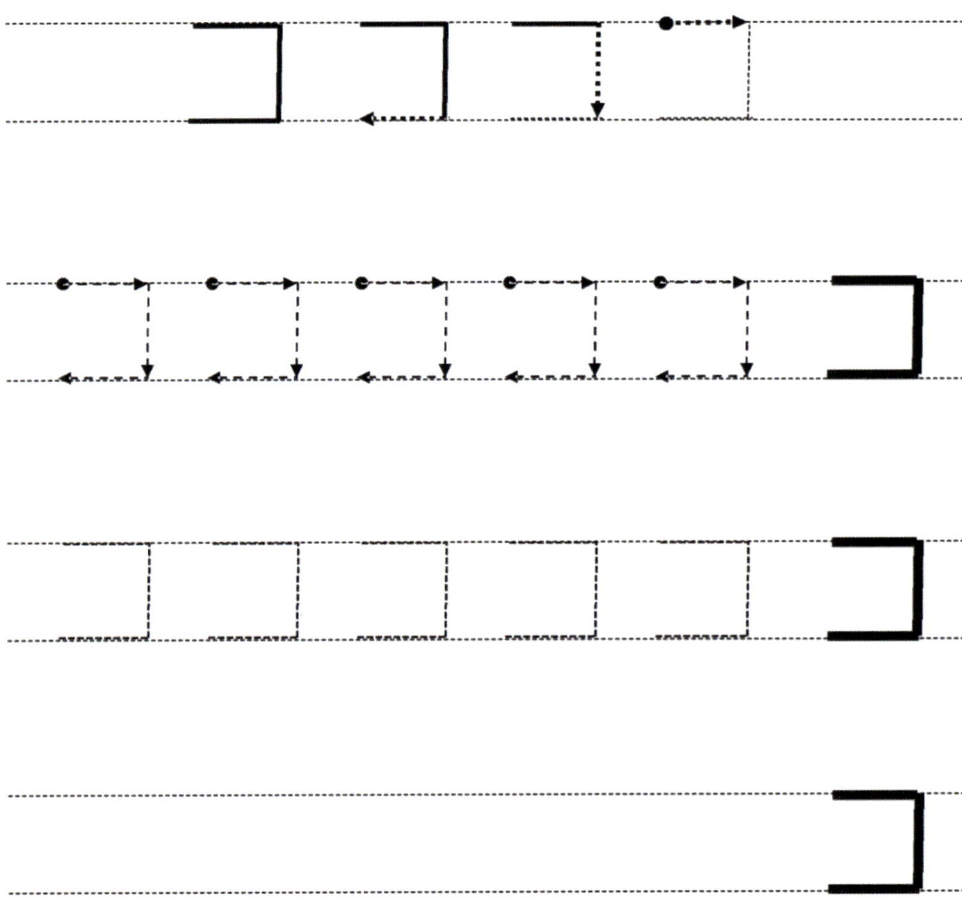

Leseübung 1

כֵּ כִּ כַּ כֶּ כִּי כְּ כָּ כֵּ כִּ כַּ כֶּ כִּי כְּ כָּ כּ כּ כֵּ כַּ כֶּ כִּי כְּ כָּ כֵּ כִּ

Wörter

הַיֶּלֶד בָּא
מֵהַכִּתָּה לַבַּיִת.

הָרַכֶּבֶת בָּאָה
מִתֵּל אָבִיב.

הַכֶּלֶב בָּא
מֵהַבַּיִת שֶׁל חַנָּה.

לָמָּה הַכֶּלֶב שֶׁל חַנָּה
לְיַד הַכֶּלֶב שֶׁל תָּמָר?
כִּי חַנָּה הִיא הַחֲבֵרָה
הַחֲדָשָׁה שֶׁל תָּמָר.

dt.	*Umschrift*	*Hebr .*	*Nr.*
Klasse, w.	**kita**	כִּתָּה	76
Zug, w.	**rakével**	רַכֶּבֶת	77
Hund, m.	**keélev**	כֶּלֶב	78
weil, denn	**ki**	כִּי	79

Lesen, verstehen und abschreiben

הַיֶּלֶד בָּא מֵהַכִּתָּה לַבַּיִת. ....

הַיַּלְדָּה בָּאָה מֵהַבַּיִת לַכִּתָּה. ....

הָרַכֶּבֶת בָּאָה מִתֵּל אָבִיב. ....

הַכֶּלֶב בָּא מֵהַבַּיִת שֶׁל חַנָּה. ....

לָמָּה הַכֶּלֶב שֶׁל חַנָּה לְיַד ....

הַכֶּלֶב שֶׁל תָּמָר? ....

כִּי חַנָּה הִיא הַחֲבֵרָה ....

הַחֲדָשָׁה שֶׁל תָּמָר. ....

לָמָּה אִמָּא שֶׁל חַנָּה בָּאָה ....

לַבַּיִת שֶׁל תָּמָר ? ....

כִּי הַכֶּלֶב שֶׁל חַנָּה בַּבַּיִת ....

שֶׁל תָּמָר. ....

Ergänze die folgenden Sätze

הַ...... ...... מֵהַ...... .	לְ...... יֵשׁ ....
הַ...... בָּאָה מֵהַ......	לָמָּה הַ...... שֶׁל ...... לְיַד
וְהָ...... בָּאָה מִ...... .	הַ...... שֶׁל ...... ?
...... בָּא מֵ...... שֶׁל ...... ?	...... חַנָּה ...... הַ......
הַ...... ...... מֵ...... חַנָּה.	הַ...... ...... תָּמָר.

Schneide die Buchstaben (Anhang 4) aus und klebe sie an die richtige Stelle.

כ	כ	כ	כ
כִּ תָּ ה	רַ כֶּ בֶ ת	כֶּ לֶ ב	כִּ י

Buchstabe

כ (Chaf)

ch wie in Bach   ch = כ

Leseübung 1

כַ כֵ כָ כְ כִ כַ כִי כֶ כ כַ כֵ כָ כ כְ כִ כֶ כַ כָ כְ כִ כַ כִי כֶ כ כַ

Leseübung 2

כִּ כָ כַּ כִּי כ כָּ כִּ כֶ כַּ כֵ כֶּ כ כּ כֵּ כַ כָּ כִ כֵ כֵּ כְ כִ כְּ כַ כִי כֶ

כֶּ כַ כְּ כֵּ כָ כּ כְ כִּי כַ כִּ כֶ כַּ כֵ כֶּ כ כּ כֵּ כַ כָּ כִ כֵ כֵּ כְ כִ כָ

Leseübung 3

בֵּ כֵ בּ כָ בִּי בַּ כְּ ב בּ בַ כִּ בָ בִי בָ בֶּ כֶ בֵ בִּ כִי בְ בַּ כ בְּ כְ

כֵּ בֵ בֶּ ב כִּי בְּ בִ כָּ בָ כֶּ בֵ כַּ בַ כַּ בְ בִּ כַ בֶ בָּ בִ כִ בֶּ בַ בְּ

Wörter

בְּתֵל אָבִיב לְיַד הָרַכֶּבֶת יֵשׁ מִדְרָכָה חֲדָשָׁה.

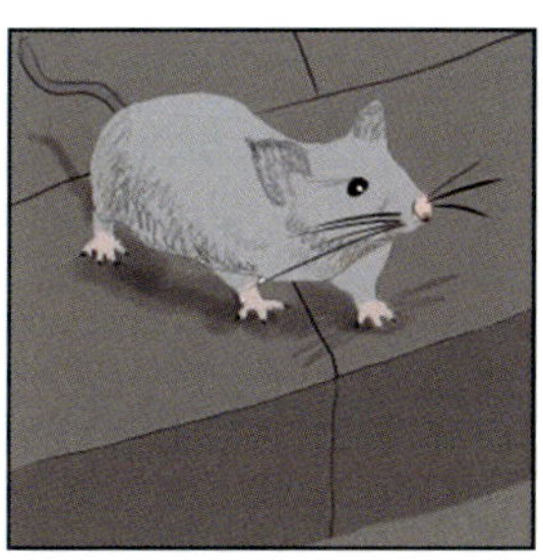

מִי עַל הַמִּדְרָכָה? הָעַכְבָּר עַל הַמִּדְרָכָה.

Wörter

dt.	*Umschrift*	*Hebr.*	*Nr.*
Gehweg, w.	**midracha**	מִדְרָכָה	80

Maus, m.	achbar	עַכְבָּר	81

Lesen, verstehen und abschreiben

בְּתֵל אָבִיב לְיַד הָרַכֶּבֶת ....
יֵשׁ מִדְרָכָה חֲדָשָׁה. ....
מִי עַל הַמִּדְרָכָה? ....
הָעַכְבָּר עַל הַמִּדְרָכָה. ....

Ergänze die folgenden Sätze

בְּ........ .... יֵשׁ .... הָ............ עַל הַ............ .

Schneide die Buchstaben (Anhang 4) aus und klebe sie an die richtige Stelle.

כ

מִ	דְ	רָ	כָ	ה

כ

עַ	כְ	בָּ	ר

הָרַכֶּבֶת

הַחֲבֵרָה שֶׁל תָּמָר בָּאָה
לָרַכֶּבֶת בְּתֵל אָבִיב.

הָרַכֶּבֶת בְּתֵל אָבִיב חֲדָשָׁה.

עַל הַמִּדְרָכָה, לְיַד הָרַכֶּבֶת
יֵשׁ שַׁעַר חָדָשׁ.

Vokal o

Der Vokal **o** wird mit den folgenden Zeichen dargestellt:

langes **o** wie in Boot = וֹ

Beispiel

ko = קוֹ
no = נוֹ
to = תוֹ

Leseübung 1

הוֹ כוֹ רוֹ נוֹ חוֹ כּוֹ שׁוֹ מוֹ לוֹ בּוֹ עוֹ קוֹ יוֹ דוֹ תוֹ גוֹ אוֹווֹ בוֹ

Wörter

הַיֶּלֶד אוֹכֵל
רַק בַּבַּיִת .

הַיַּלְדָּה אוֹכֶלֶת
עַגְבָנִיָּה בַּכִּתָּה .

הַבַּיִת שֶׁל הָעֲנָק גָּדוֹל .
מַה יֵּשׁ בַּבַּיִת שֶׁל הָעֲנָק ?
בַּבַּיִת הָעֲנָק יֵשׁ חֶדֶר גָּדוֹל .

הַקְּעָרָה בַּחֶדֶר
שֶׁל חַנָּה, גְּדוֹלָה.

הַכֶּלֶב שֶׁל חַנָּה גָּדוֹל
כְּמוֹ הַכֶּלֶב שֶׁל תָּמָר.

Wörter

dt.	*Umschrift*	*Hebr .*	*Nr.*
isst, sg. m.	**ochel**	אוֹכֵל	82
isst, sg. w.	**ochélet**	אוֹכֶלֶת	83
groß, sg. m.	**gadol**	גָּדוֹל	84
groß, sg. w.	**gedola**	גְּדוֹלָה	85
wie	**kemo**	כְּמוֹ	86

Lesen, verstehen und abschreiben

הַיֶּלֶד אוֹכֵל רַק בַּבַּיִת.

הַיַּלְדָּה אוֹכֶלֶת עַגְבָנִיָּה
גְּדוֹלָה.

הַבַּיִת שֶׁל הָעֲנָק גָּדוֹל.

הַמַּתָּנָה שֶׁל חַנָּה גְּדוֹלָה
כְּמוֹ הַמַּתָּנָה שֶׁל תָּמָר.

Ergänze die folgenden Sätze

הַ ______ ______ וְהַיַּלְדָּה ______ .	הַ ______ ______ חַנָּה ______ .
הַ ______ ______ עַגְבָנִיָּה בַּ ______ .	הַ ______ ______ חַנָּה ______
הַ ______ שֶׁל הָ ______ ______ .	______ הַכֶּלֶב ______ ______ .

Schneide die Buchstaben (Anhang 4) aus und klebe sie an die richtige Stelle.

א	וֹ	כֵ	ל

א	וֹ	כֶ	לֶ	ת

גָּ	ד	וֹ	ל

גְּ	ד	וֹ	לָ	ה

כְּ	מ	וֹ

Wörter

הַמּוֹרֶה הֶחָדָשׁ
שֶׁל שַׁחַר בַּכִּתָּה.

הַמּוֹרָה הַחֲדָשָׁה שֶׁל
חַנָּה בָּאָה מִתֵּל אָבִיב.

שַׁחַר לוֹמֵד בַּכִּתָּה.

חַנָּה לוֹמֶדֶת בַּכִּתָּה .

אַבָּא שֶׁל שַׁחַר לוֹמֵד תּוֹרָה בְּשַׁבָּת.

Wörter

dt.	*Umschrift*	*Hebr .*	*Nr.*
Lehrer, m.	**more**	מוֹרֶה	87
Lehrerin, w.	**mora**	מוֹרָה	88
lernt, sg. m.	**lomed**	לוֹמֵד	89
lernt, sg. w.	**lomédet**	לוֹמֶדֶת	90
Thora, w.	**tora**	תּוֹרָה	91

Lesen, verstehen und abschreiben

לְשַׁחַר יֵשׁ מוֹרֶה חָדָשׁ. ....

הַמּוֹרֶה הֶחָדָשׁ שֶׁל שַׁחַר ....

בַּכִּתָּה. ....

לְחַנָּה יֵשׁ מוֹרָה חֲדָשָׁה . ...

הַמּוֹרָה הַחֲדָשָׁה שֶׁל חַנָּה ....

בָּאָה מִתֵּל אָבִיב. ....

שַׁחַר לוֹמֵד וְחַנָּה לוֹמֶדֶת. ....

שַׁחַר לוֹמֵד עִבְרִית בַּכִּתָּה. ....

שַׁחַר לוֹמֵד תּוֹרָה בְּשַׁבָּת ....

חַנָּה לוֹמֶדֶת עִבְרִית בַּבַּיִת ....

כְּמוֹ בַּכִּתָּה . ...

לָמָּה הִיא לוֹמֶדֶת בַּחֶדֶר ? ....

כִּי רַק בַּחֶדֶר יֵשׁ מַחְבֶּרֶת ....

וְקַלְמָר . ...

Ergänze die folgenden Sätze

לְ .... חֲדָשָׁה.	תָּמָר .... כְּמוֹ ....
לְ .... חָדָשׁ ?	אַבָּא .... שַׁחַר ....
לְ	בְּ ....
אֲנִי .... וְאַתְּ	אֲנִי .... מַהֵר.

שָׁר	שָׁרָה.	כֶּלֶב גָּדוֹל.	כִּתָּה חֲדָשָׁה . ...
בָּא	בָּאָה.	מוֹרֶה	מוֹרָה ....
אוֹכֵל.	אוֹכֶלֶת.	חָבֵר	חֲבֵרָה ....
מְדַבֵּר.	מְדַבֶּרֶת.	בַּיִת	מִדְרָכָה ....
לוֹמֵד.	לוֹמֶדֶת.	שִׁיר חָדָשׁ	עַגְבָנִיָּה ....

Schneide die Buchstaben (Anhang 4) aus und klebe sie an die richtige Stelle.

מ	וֹ	רֶ	ה

מ	וֹ	רָ	ה

תּ	וֹ	רָ	ה

ל	וֹ	מֵ	ד

ל	וֹ	מֶ	דֶ	ת

Vokal o

Der Vokal **o** wird mit den folgenden Zeichen dargestellt:

kurzes **o** wie in Wolle = ◌ֹ

langes **o** wie in Boot = וֹ◌

Beispiel

ko = קוֹ = קֹ
no = נוֹ = נֹ
to = תוֹ = תֹ

Leseübung 1

שֹׁ כֹ בֹ כֹּ בֹּ וֹ אֹ תֹ גֹ מֹ הֹ לֹ דֹ יֹ קֹ עֹ נֹ חֹ רֹ

Wörter

אַתְּ תָּמָר ?
לֹא אֲנִי חַנָּה.

הַדֹּב הַגָּדוֹל נָח.

שַׁחַר לוֹמֵד תּוֹרָה לְיַד הַכֹּתֶל.

Wörter

dt.	*Umschrift*	*Hebr .*	*Nr.*
Bär, m.	**dov**	דֹב	92
nein, nicht	**lo**	לֹא	93
Klagemauer in Jerusalem, m.	**kótel**	כֹּתֶל	94

Lesen, verstehen und abschreiben

הַדֹּב הַגָּדוֹל נָח. ....

הַחֲבֵרָה שֶׁל חַנָּה לֹא ....

מְדַבֶּרֶת עִבְרִית. ....

אַתְּ גָּרָה לְיַד הַכֹּתֶל ? ....

לֹא אֲנִי גָּרָה בְּתֵל אָבִיב. ....

שַׁחַר בַּבַּיִת? ....

לֹא שַׁחַר לוֹמֵד תּוֹרָה ....

לְיַד הַכֹּתֶל. ....

Ergänze die folgenden Sätze

...... שַׁחַר ?	...... אוֹכֵל הַ...... הַ...... ?
...... אֲנִי הָ...... ...... שַׁחַר .	הַ...... הַ...... ...... דָּג .
....	.... ?
לְ...... הַ......	אֲנִי ....

Schneide die Buchstaben (Anhang 4) aus und klebe sie an die richtige Stelle.

כֹּ	תֶ	ל

דֹ	ב

לֹ	א

Vokal u

Der Vokal **u** wird mit dem folgenden Zeichen dargestellt:

u mittlerer Länge = וּ ▯

Beispiel

hu = הוּ
ju = יוּ
tu = תוּ

Leseübung 1

הוּ רוּ נוּ חוּ שוּ מוּ לוּ עוּ קוּ יוּ דוּ תוּ גוּ אוּ ווּ בּוּ בוּ כּוּ כוּ

Leseübung 2

הוֹ נוֹ תוּ מוֹ רוּ קוֹ יוֹ בּוּ קוּ תוֹ גוּ גוֹ דוּ רוֹ ווֹ בּוֹ הוּ עוֹ נוּ יוּ
אוֹ חוּ שוּ מוּ כוֹ לוֹ אוּ בוֹ כוֹ לוּ עוּ שוֹ כּוּ חוֹ ווּ כוּ דוֹ בוּ

Leseübung 3

הוֹ כְּ רוֹ כֵּ נוֹ כִי חוֹ כֶ כֶּ כַ שוֹ יֹ כֶּ מוֹ כֹּ כִּ לוֹ כ עוֹ נֹ כָ
קוֹ כַּ קֹ כ יוֹ כִ כּוֹ דוֹ שֹׁ כְ הֹ חֹ כִּי גֹ תוֹ כְּ דֹ כֶ גוֹ כ אוֹ כֵ
ווֹ בּוֹ כִ בוֹ כַ כוֹ כַ הוּ כְ רוּ נוּ מֹ כִ שוּ כַ לֹ כִי מוּ כַ רֹ כֵּ
חוּ כָּ כ כֹ לוּ עוּ כֵ כַּ קוּ כָ יוּ כְ דוּ כֶ תוּ כ כִּי עֹ תֹ גוּ כִּי
כְּ אוּ כָ ווּ כַ בֹ בּוּ כִּ אֹ ו בוּ כֶּ כוּ כָ כּוּ כִ בֹּ כַּ

Wörter

הָאִמָּא שֶׁל חַנָּה
אוֹכֶלֶת **עוּגָה**.

בַּכִּתָּה שֶׁל חַנָּה יֵשׁ
תְּמוּנָה גְּדוֹלָה.

מִי **הוּא** ?
הוּא שַׁחַר.

שַׁחַר יְהוּדִי, הוּא
גָּר בְּתֵל אָבִיב
וְלוֹמֵד תּוֹרָה.

תָּמָר יְהוּדִיָּה, הִיא מְדַבֶּרֶת עִבְרִית וְגָרָה
בְּתֵל אָבִיב כְּמוֹ שַׁחַר.

Wörter

dt.	*Umschrift*	*Hebr .*	*Nr.*
Kuchen, w.	**uga**	עוּגָה	95
Bild, w.	**temuna**	תְּמוּנָה	96
er	**hu**	הוּא	97

jüdisch, sg. m.	jehudi	יְהוּדִי	98
jüdisch, sg. w.	jehudija	יְהוּדִיָּה	99

Lesen, verstehen und abschreiben

הָאִמָּא שֶׁל חַנָּה אוֹכֶלֶת
עוּגָה.

מַה יֵּשׁ בַּכִּתָּה שֶׁל חַנָּה ?
בַּכִּתָּה שֶׁל חַנָּה יֵשׁ תְּמוּנָה
גְּדוֹלָה.

מִי הוּא ? הוּא שַׁחַר.

מִי הִיא ? הִיא תָּמָר.

שַׁחַר יְהוּדִי, הוּא גָּר
בְּתֵל אָבִיב וְלוֹמֵד תּוֹרָה.

תָּמָר יְהוּדִיָּה, הִיא מְדַבֶּרֶת
עִבְרִית וְגָרָה בְּתֵל אָבִיב
כְּמוֹ שַׁחַר.

Ergänze die folgenden Sätze

מִי …… ? …… …… . …… ? …… תָּמָר . שַׁחַר ……, …… גָּר בְּ …… …… .	…… אוֹכֵל …… ? הָ …… חַנָּה. בַּ …… …… יֵשׁ …… …… .

______ תּוֹרָה ?	תָּמָר ______, ______ ______
שַׁחַר ______ ______ .	כְּ ______ ______ .

Schneide die Buchstaben (Anhang 4) aus und klebe sie an die richtige Stelle.

ה ו א

ע וּ גָ ה

תְּ מ וּ נָ ה

יְ ה וּ דִ י

יְ ה וּ דִ יָּ ה

שַׁחַר וְתָמָר

שַׁחַר לוֹמֵד בַּכִּתָּה.
וְתָמָר לוֹמֶדֶת בַּבַּיִת.

שַׁחַר אוֹכֵל עוּגָה.
וְתָמָר אוֹכֶלֶת עַגְבָנִיָּה.

שַׁחַר מְדַבֵּר עִבְרִית
כְּמוֹ תָּמָר.

מַה שַׁחַר אוֹכֵל ? שַׁחַר ______

מַה תָּמָר אוֹכֶלֶת ? תָּמָר ______

מַה שַׁחַר מְדַבֵּר ? שַׁחַר ______

מַה תָּמָר מְדַבֶּרֶת ? תָּמָר ______

אבגדהוזחטיכלמנסעפצקרשת ךםןףץ

Buchstabe

(Zadi) צ

z = צ

צ צ צ צ

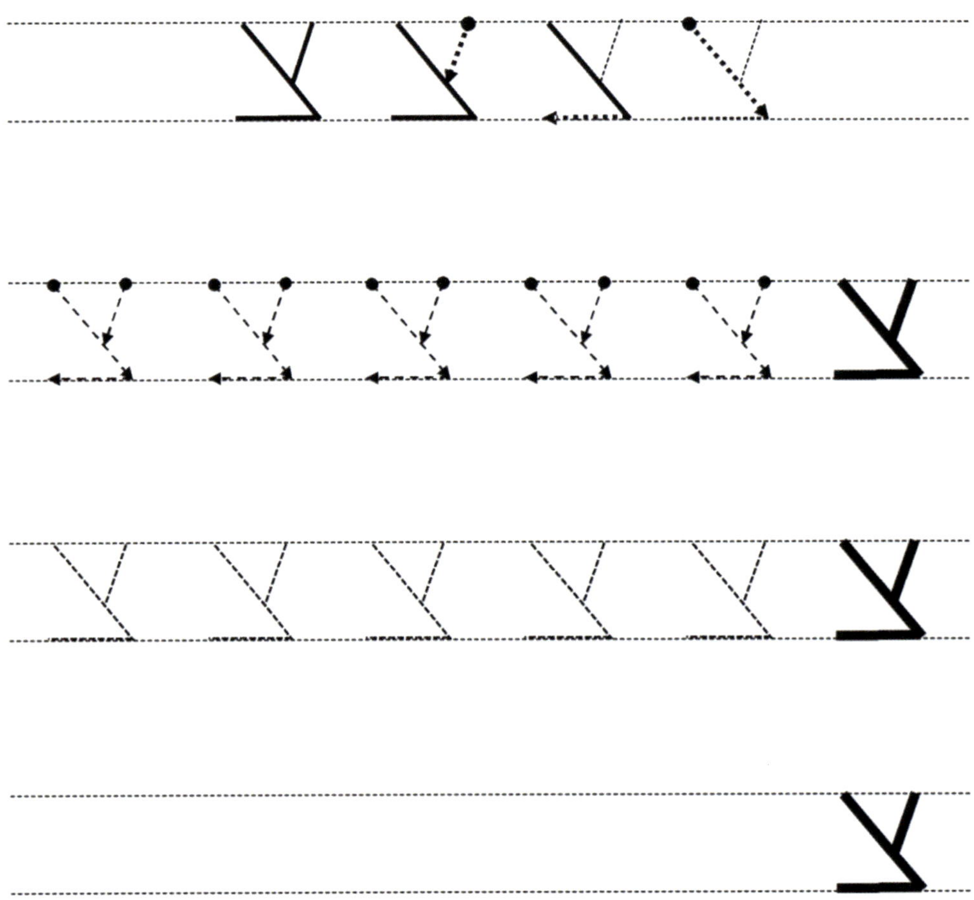

Leseübung 1

צַ צָ צֹ צְ צוּ צֵ צִ צֶ צֹ צוּ צוֹ צ צְ צֵ צֶ צִ צַ צִי צָ צ צוֹ צִי

Wörter

הַיֶּלֶד רוֹצֶה
כֶּלֶב.

הַיַּלְדָּה רוֹצָה
מַתָּנָה.

הָעוּגָה שֶׁל
הַיַּלְדָּה עַל
הַצַּלַּחַת.

לְיַד הַצַּיָּר יֵשׁ
תְּמוּנָה גְּדוֹלָה.

רַק אֵצֶל תָּמָר יֵשׁ
שַׁעַר לְיַד הַבַּיִת.

Wörter

dt.	Umschrift	Hebr .	Nr.
will, sg. m.	**roze**	רוֹצֶה	100
will, sg. w.	**roza**	רוֹצָה	101
Teller, w.	**zaláchat**	צַלַּחַת	102
Maler, m.	**zajar**	צַיָּר	103
bei	**ézel**	אֵצֶל	104

Lesen, verstehen und abschreiben

הַיֶּלֶד רוֹצֶה כֶּלֶב. ....

הַיַּלְדָּה רוֹצָה מַתָּנָה. ....

הָעוּגָה שֶׁל הַיַּלְדָּה עַל ....

הַצַּלַּחַת. ....

הַתְּמוּנָה אֵצֶל הַצַּיָּר ....

גְּדוֹלָה. ....

רַק אֵצֶל תָּמָר יֵשׁ שַׁעַר ....

לְיַד הַבַּיִת. ....

אֵצֶל תָּמָר בַּבַּיִת, יֵשׁ חֶדֶר. ....

Ergänze die folgenden Sätze

הַ..........	הַ.......... לְיַד הַ.......... .
הַ..........	.... תָּמָר?
הָ.......... .... הַ.......... .	.... הַ.......... .

Schneide die Buchstaben (Anhang 4) aus und klebe sie an die richtige Stelle.

צ			
ר	וֹ	צֶ	ה

צ			
ר	וֹ	צָ	ה

צ			
צַ	לַּ	חַ	ת

צ		
צַ	יָּ	ר

	צ	
אֵ	צֶ	ל

אבגדהוזחטיכלמנסעפצקרשת דםןףץ

Buchstabe

(Sajin) ז

s wie in sehen, weich, stimmhaft s = ז

ז ז ז ז

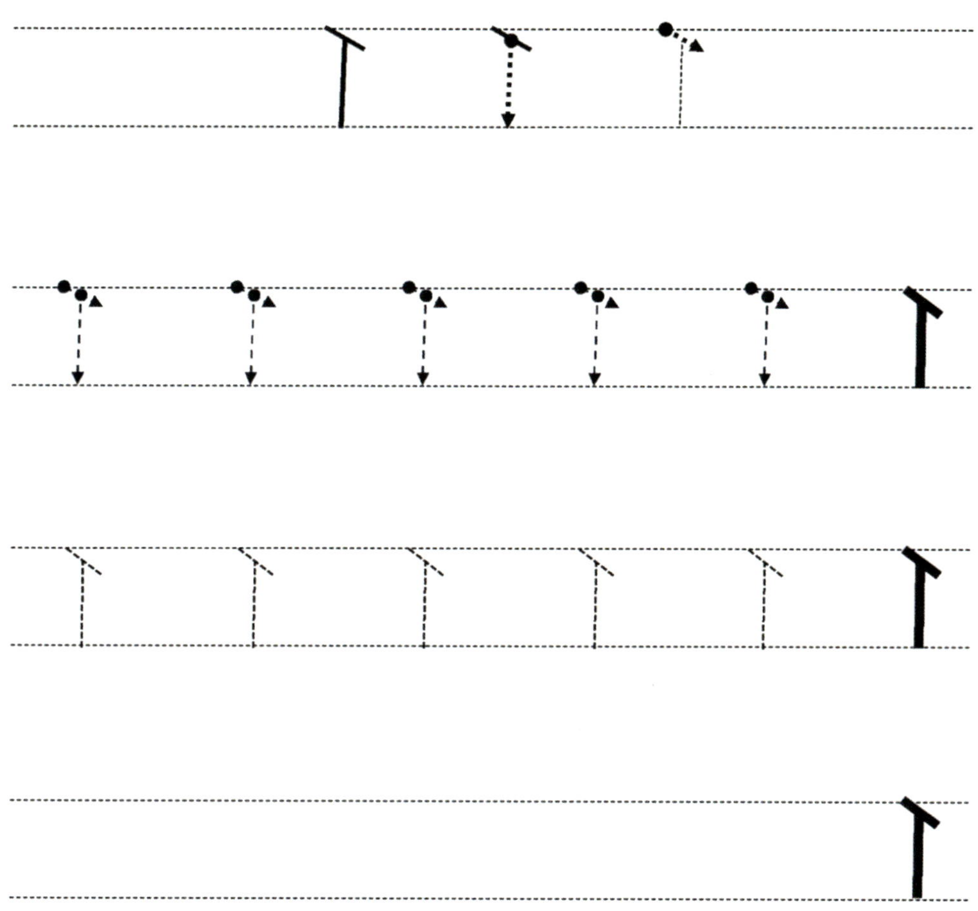

Leseübung 1

זַ ז זוֹ זְ זֵ זָ זְ זֶ זִי זוּ ז זֵ זֶ זִי זוּ זוֹ ז זַ זָ זְ זֹ זֵ זִ זַ זָ זֶ זִי זוּ

Leseübung 2

צִי זוֹ צֶ זִ צַ זְ צוּ זֵ צָ זָ צוֹ זַ ז צֵ זְ צֹ זֶ צִ זִי צְ זוֹ צֶ זִ צ זְ

Leseübung 3

שׁוֹ הוֹ צַ כוֹ רוֹ נוֹ צֹ כּוֹ חוֹ צֵ מוֹ ז לוֹ בּוֹ עוֹ צָ קוֹ צִ יוֹ גוּ זְ
כּוּ כוּ זֹ דוֹ תוֹ גוֹ אוֹ ווֹ זְ בוֹ צִי צוּ צוּ צוֹ זַ צִ זִי זוֹ אוּ צַ ווּ בּוּ
הוּ צֶ רוּ צֶ נוּ זוֹ שׁוּ זִ חוּ מוּ לוּ זְ עוּ זֵ בוּ קוּ יוּ זֶ דוּ זָ תוּ

Wörter

זֶה יֶלֶד.

זֹאת יַלְדָּה.

זֶה זַמָּר .

זֹאת זַמֶּרֶת .

Wörter

dt.	*Umschrift*	*Hebr .*	*Nr.*
dieser, sg. m.	**se**	זֶה	105
diese, sg. w.	**sot**	זֹאת	106
Sänger, m.	**samar**	זַמָּר	107
Sängerin, w.	**saméret**	זַמֶּרֶת	108

Lesen, verstehen und abschreiben

זֶה זַמָּר וְזֹאת זַמֶּרֶת.	....
זֶה כֶּלֶב וְזֹאת עוּגָה.	....
זֶה אַבָּא וְזֹאת אִמָּא.	....
הַזַּמָּר שָׁר שִׁיר חָדָשׁ.	....
הַזַּמֶּרֶת שָׁרָה שִׁיר	....
בְּעִבְרִית.	....
מִי זֶה? זֶה הַמּוֹרֶה שֶׁל שַׁחַר.	....
מִי זֹאת? זֹאת הָאִמָּא שֶׁל תָּמָר.	....

Ergänze die folgenden Sätze

מַה זֶה? זֶה בַּיִת.	מִי זֹאת? זֹאת חַנָּה.
.... ? .... שַׁחַר.	.... ? .... מַדְרִיכָה.
.... ? .... חֶדֶר.	.... ? .... אִמָּא שֶׁל ....
.... ? .... אַבָּא שֶׁל	.... ? .... עוּגָה.
.... ? .... קַלְמָר.	.... ? .... תְּמוּנָה.
.... ? .... כֶּלֶב.	.... ? .... צַלַּחַת.

Schneide die Buchstaben (Anhang 4) aus und klebe sie an die richtige Stelle.

ז	ז	ז	ז
זֶ ה	זֹ א ת	זַ מָּ ר	זַ מֶּ רֶ ת

הָעוּגָה

זֶה הַכֶּלֶב שֶׁל הַזַּמָּר.

זֹאת הָעוּגָה שֶׁל שַׁחַר.

הַכֶּלֶב שֶׁל הַזַּמָּר אוֹכֵל
מֵהָעוּגָה שֶׁל שַׁחַר.

שַׁחַר רוֹצֶה עוּגָה חֲדָשָׁה.

הַזַּמָּר וְהַזַּמֶּרֶת

מִי זֶה ?
זֶה הַזַּמָּר הֶחָדָשׁ.
הוּא גָּר בְּתֵל אָבִיב וְשָׁר מַהֵר.

מִי זֹאת ?
זֹאת הַזַּמֶּרֶת הַחֲדָשָׁה .
הִיא שָׁרָה רַק בְּעִבְרִית .

מִי בַּתְּמוּנָה ?
הַזַּמָּר וְהַזַּמֶּרֶת .

אבגדהוזחטיכלמנסעפצקרשת דםןףץ

Buchstabe

(Pe) פּ

p = פּ

פ פ פ פ

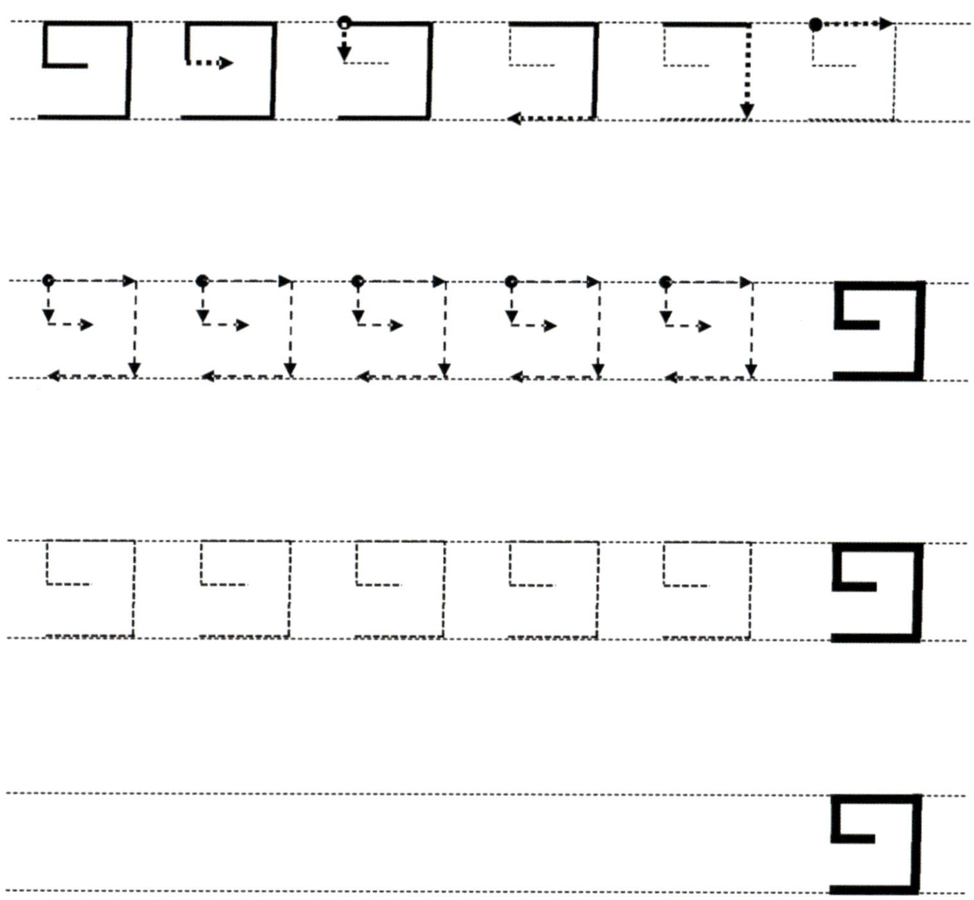

Leseübung 1

פָּ פַּ פֹּ פְּ פֶּ פֵּ פִּ פִּי פּוֹ פּוּ פָּ פַּ פֹּ פְּ פֶּ פֵּ פִּ פִּי פּוֹ פּוּ פָּ פַּ פּ

Wörter

הַפֶּה שֶׁל הָעֲנָק גָּדוֹל.

הַכֶּלֶב שֶׁל תָּמָר בַּפַּרְק.

בַּפַּרְק יֵשׁ פֶּרַח.

עַל הַפֶּרַח יֵשׁ פַּרְפַּר.

Wörter

dt.	*Umschrift*	*Hebr.*	*Nr.*
Mund, m.	**pe**	פֶּה	109
Park, m.	**park**	פַּרְק	110
Blume, m.	**pérach**	פֶּרַח	111
Schmetterling, m.	**parpar**	פַּרְפַּר	112

Lesen, verstehen und abschreiben

לְמִי יֵשׁ פֶּה גָּדוֹל ?

לַעֲנָק יֵשׁ פֶּה גָּדוֹל.

....

....

הַכֶּלֶב שֶׁל תָּמָר בַּפַּרְק אֲבָל ....
הַכֶּלֶב שֶׁל חַנָּה בַּבַּיִת . ...

מַה יֵּשׁ בַּפַּרְק ? ....
בַּפַּרְק יֵשׁ פֶּרַח. ....

מַה יֵּשׁ עַל הַפֶּרַח ? ....
עַל הַפֶּרַח יֵשׁ פַּרְפַּר. ....

הַפַּרְק הוּא הַבַּיִת שֶׁל ....
הַפַּרְפַּר וְשֶׁל הָעַכְבָּר . ...

הַפֶּרַח בַּבַּיִת לֹא גָּדוֹל כְּמוֹ ....
הַפֶּרַח מֵהַפַּרְק . ...

Ergänze die folgenden Sätze

.... זֶה ?	לַעֲנָק .... גָּדוֹל.
.... זֶה ?	לְתָמָר יֵשׁ .... בַּ........ .
.... זֶה ?	בַּ........ יֵשׁ ....
.... זֶה ?	הַ........ עַל הַ........ .

Schneide die Buchstaben (Anhang 4) aus und klebe sie an die richtige Stelle.

פּ		פּ			פּ			פּ			
פֶּ	ה	פֶּ	רַ	ח	פַּ	רְ	ק	פַּ	רְ	פַּ	ר

Buchstabe

פ (Fe)

פ = f

Leseübung 1

פָ פַ פֹ פוּ פִי פְ פִ פוֹ פֶ פֵ פִ פֶ פֵ פָ פַ פ פוּ פִי פְ פִ פוֹ פֶ פֵ

Leseübung 2

פָ פֵּ פַ פֹ פּוּ פוֹ פֵ פַּ פִ פֵ פָ פָּ פוֹ פּ פְ פְּ פִ פֶּ פֶ פִּ פִּי פִי פוּ פּוּ

Leseübung 3

פּוֹ צִי פָ זְ פּוּ ז פַּ זוֹ פ צֶ פּוּ זִ פוֹ צַ זְ פִי צוּ פֹ פְ זֵ פַ פָּ צָ
פּ זָ פֶ צוֹ זַ פִּי צֵ פֵּ צ זֶ צִ פִ זִי צְ זֹ פֵ זוּ צֶ פְּ זִ פֶּ צַ זְ פִּ

Wörter

אֵיפֹה תָּמָר?
הִיא בַּכִּתָּה.

אֵיפֹה גָּר הֶחָבֵר
שֶׁל שַׁחַר?
הוּא גָּר בַּכְּפָר.

הַתְּמוּנָה הַיָּפָה מֵהַצַּיָּר.

הַפֶּרַח הַיָּפֶה מֵהַכְּפָר.

Wörter

dt.	Umschrift	Hebr.	Nr.
wo?	**éifo**	אֵיפֹה	113
Dorf, m.	**kfar**	כְּפָר	114
schön, sg. m.	**jafe**	יָפֶה	115
schön, sg. w.	**jafa**	יָפָה	116

Lesen, verstehen und abschreiben

אֵיפֹה תָּמָר?

הִיא בַּכִּתָּה.

אֵיפֹה גָּר הֶחָבֵר שֶׁל שַׁחַר?

הוּא גָּר בַּכְּפָר.

אַתְּ גָּרָה בַּכְּפָר ?

לֹא אֲנִי גָּרָה בְּתֵל אָבִיב .

אֵיפֹה שַׁחַר גָּר ?

שַׁחַר גָּר בְּתֵל אָבִיב .

לָמָּה שַׁחַר לֹא גָּר בַּכְּפָר ?

כִּי בְּתֵל אָבִיב יֵשׁ רַכֶּבֶת

גְּדוֹלָה לְיַד הַבַּיִת שֶׁל שַׁחַר.

הוּא יֶלֶד יָפֶה וְהִיא יַלְדָּה יָפָה .

מֵאֵיפֹה הַפֶּרַח הַיָּפֶה?

הַפֶּרַח הַיָּפֶה מֵהַכְּפָר.

מֵאֵיפֹה הַתְּמוּנָה הַיָּפָה? ....

הַתְּמוּנָה הַיָּפָה מֵהַצַּיָּר. ....

Ergänze die folgenden Sätze

.... גָּר?	הַ........ הַ........ מֵהַ........ .
אֲנִי .... בַּ........ .	הַ........ הַ........ מֵהַ........ .

Schneide die Buchstaben (Anhang 4) aus und klebe sie an die richtige Stelle.

פ	פ	פ	פ
יָ פֶ ה	יָ פָ ה	כְּ פָ ר	אֵ י פֹ ה

בַּכְּפָר

אֵיפֹה גָּרָה הַמּוֹרָה
שֶׁל תָּמָר?

הִיא גָּרָה בַּכְּפָר לְיַד הַפַּרְק.

הַכְּפָר גָּדוֹל כְּמוֹ הַפַּרְק.

לְיַד הַבַּיִת שֶׁל הַמּוֹרָה
יֵשׁ פֶּרַח יָפֶה.

אבגדהוזחטיכלמנסעפצקרשת דםןףץ

Buchstabe

(Samech) ס

ss wie in essen s = ס

ס ס ס ס

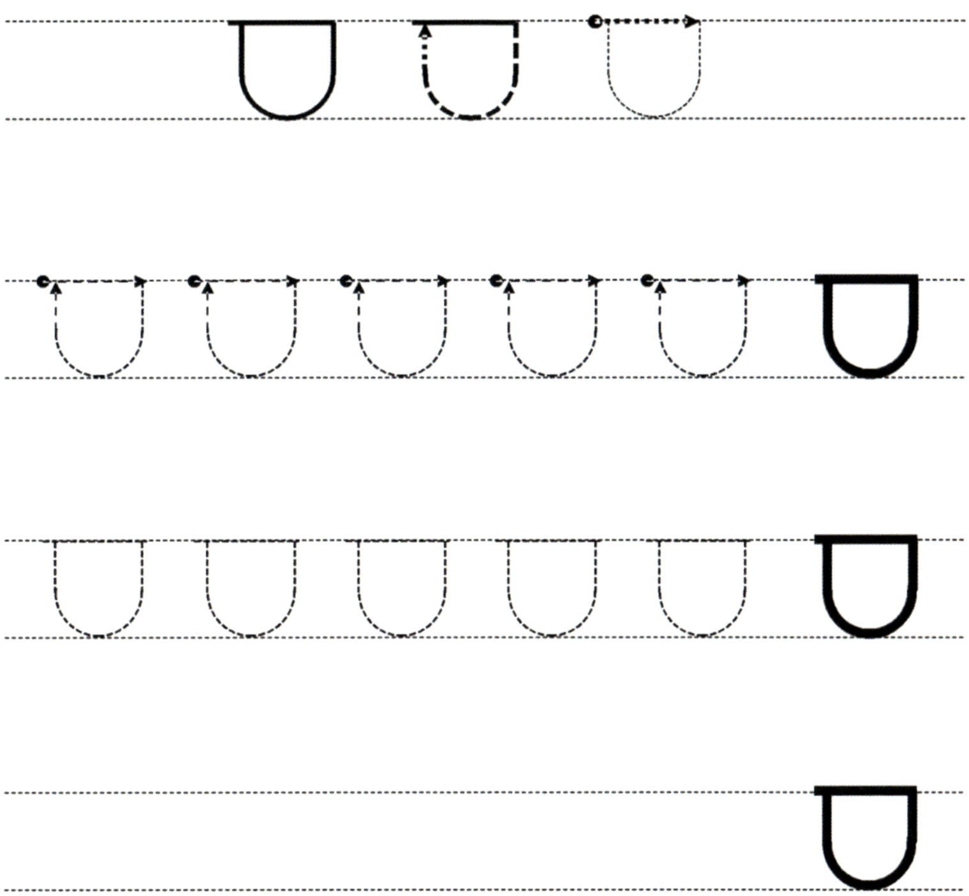

Leseübung 1

סָ סַ סֶ סֵ סֹ סְ סִ סִי סוּ סוֹ סָ סַ סֶ סֵ ס סְ סִ סִי סוּ סוֹ סְ סִ

אֵיפֹה הַסֵּפֶר הֶחָדָשׁ?
הַסֵּפֶר הֶחָדָשׁ אֵצֶל
אִמָּא שֶׁל שַׁחַר.

אִמָּא שֶׁל שַׁחַר בָּאָה מֵהַסִּפְרִיָּה .

אֵיפֹה סַבָּא שֶׁל שַׁחַר ?
סַבָּא שֶׁל שַׁחַר בַּסִּפְרִיָּה .

אֵיפֹה סַבְתָּאשֶׁל שַׁחַר?
סַבְתָּא שֶׁל שַׁחַר בַּבַּיִת.
הִיא אוֹכֶלֶת עוּגָה.

Wörter

dt.	*Umschrift*	*Hebr .*	*Nr.*
Buch, m.	**séfer**	סֵפֶר	117
Bücherei, Biblio-thek, w.	**sifrija**	סִפְרִיָּה	118
Großvater, Opa	**saba**	סַבָּא	119
Großmutter, Oma	**safta**	סַבְתָּא	120

Lesen, verstehen und abschreiben

אֵיפֹה הַסֵּפֶר הֶחָדָשׁ? ....
הַסֵּפֶר הֶחָדָשׁ אֵצֶל אִמָּא ....
שֶׁל שַׁחַר. ....
אֵיפֹה סַבְתָּא שֶׁל שַׁחַר? ....
סַבְתָּא שֶׁל שַׁחַר בַּבַּיִת. ....
הִיא אוֹכֶלֶת עוּגָה. ....
אֵיפֹה אִמָּא שֶׁל שַׁחַר? ....
אִמָּא שֶׁל שַׁחַר בָּאָה ....
מֵהַסִּפְרִיָּה. ....
אֵיפֹה סַבָּא שֶׁל שַׁחַר? ....
סַבָּא שֶׁל שַׁחַר בַּסִּפְרִיָּה. ....

Ergänze die folgenden Sätze

מַה ....? זֶה	....?
....? זֹאת	זֹאת .... שֶׁל ....
מִי ....?	אֵיפֹה .... שֶׁל ....?
זֶה .... שֶׁל	.... שֶׁל .... בַּ.......... .

Schneide die Buchstaben (Anhang 4) aus und klebe sie an die richtige Stelle.

ס	ס	ס	ס
סֵ פֶ ר	סִ פְ רִ יָּ ה	סַ בָּ א	סַ בְ תָּ א

אבגדהוזחטיכלמנסעפצקרשת ךםןףץ

Buchstabe

(Tet) ט

t = ט

ט ט ט ט

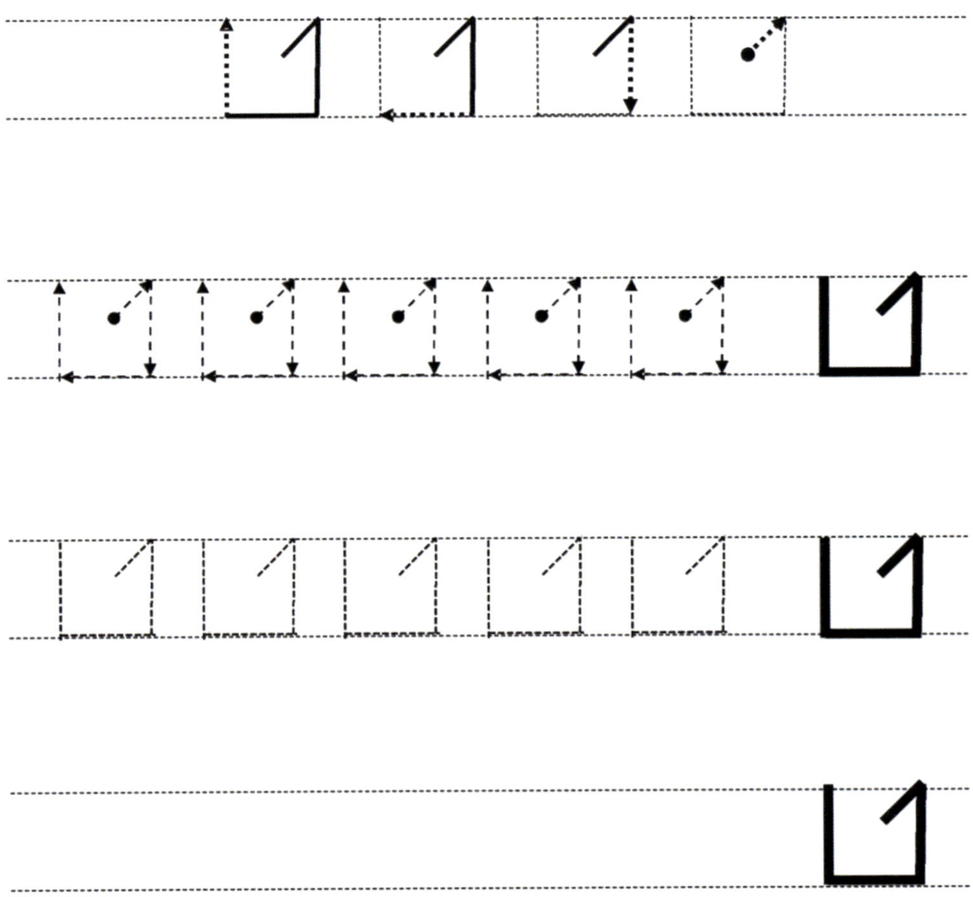

Leseübung 1

טָ טוֹ טֶ טַ טֹ טְ טִ טַ טוּ טָ טֶ טַ טֵ ט טֵ טְ טִ טִי טוּ טִי טוֹ טָ

Leseübung 2

טָ סָ טַ סַ טֶ סֶ טֵ סֵ טֹ סְ טְ סוּ טִ סוֹ טִי סִ טוּ סִי טוֹ ס טַ סַ

Leseübung 3

פָּ טָ פִּי פַ סָ טַ פַּ סַ טֶ פְּ סֶ טֵ סֵ פָּ ט סְ פִי טְ פֵ סוּ פֶּ פוֹ טִ

פּוּ סוֹ טִי פוּ סִ טֵ סֵ פ טוּ פִ סִי פְ טוֹ פּ ס פּוֹ טַ פֶ פֵּ סַ פִ

Wörter

אֵיפֹה הַמָּטוֹס ?
הַמָּטוֹס לְמַעְלָה.

הַמָּטוֹס טָס מַהֵר.

הַיַּלְדָּה טָסָה
לְתֵל אָבִיב.

סַבְתָּא שֶׁל שַׁחַר
אוֹכֶלֶת לְאַט.

Wörter

dt.	*Umschrift*	*Hebr .*	*Nr.*
Flugzeug, m.	**matoss**	מָטוֹס	121
fliegt, sg. m.	**tass**	טָס	122
fliegt, sg. w.	**tássa**	טָסָה	123
langsam	**leat**	לְאַט	124

Lesen, verstehen und abschreiben

אֵיפֹה הַמָּטוֹס ? ....

הַמָּטוֹס לְמַעְלָה. ....

הַמָּטוֹס טָס מַהֵר. ....

הַמָּטוֹס טָס לְאַט בַּלַּיְלָה. ....

מִי טָס לְתֵל אָבִיב ? ....

הַיַּלְדָּה טָסָה לְתֵל אָבִיב. ....

מִי אוֹכֶל לְאַט ? ....

סַבְתָּא שֶׁל שַׁחַר אוֹכֶלֶת ....

לְאַט. ....

Ergänze die folgenden Sätze

מַה ...... ? זֶה	הַ...... ....
מַה ...... מַהֵר ?	...... אוֹכֶל ...... ?
הַ......	.... שַׁחַר .
מִי ...... לְ...... אָבִיב ?	.... מַהֵר ?
הַ...... ...... לְ......	...... אוֹכֶל ....
הַיֶּלֶד ...... וְהַיַּלְדָּה	הַ...... ...... בַּ...... .

Schneide die Buchstaben (Anhang 4) aus und klebe sie an die richtige Stelle.

ט	ט	ט	ט
טָס	טָסָה	מָטוֹס	לְאַט

הַסֵּפֶר

סַבְתָּא רוֹצָה סֵפֶר
מֵהַסִּפְרִיָּה.

זֶה סֵפֶר גָּדוֹל וְיָפֶה.

הַסֵּפֶר אֵצֶל אִמָּא שֶׁל שַׁחַר.

הִיא בָּאָה מֵהַסִּפְרִיָּה לְסַבְתָּא .

סַבְתָּא בַּבַּיִת שֶׁל שַׁחַר.

בַּסֵּפֶר יֵשׁ תְּמוּנָה שֶׁל סַבָּא וְסַבְתָּא בְּתֵל אָבִיב.

מַה סַבְתָּא רוֹצָה ? ....

מִי בָּאָה מֵהַסִּפְרִיָּה ? ....

מַה יֵשׁ לְאִמָּא שֶׁל שַׁחַר ? ....

מַה יֵּשׁ בַּסֵּפֶר ? ....

....

לְאֵיפֹה אִמָּא שֶׁל שַׁחַר
בָּאָה ? ....

....

אֵיפֹה סַבְתָּא שֶׁל שַׁחַר ? ....

Vokal u

Der Vokal **u** wird mit den folgenden Zeichen dargestellt:

Beide Zeichen für **u** haben mittlere Länge.

u = ◌ֻ

u = ◌וּ

Beispiel

hu = הוּ = הֻ

ju = יוּ = יֻ

tu = תוּ = תֻ

Leseübung 1

הֻ רֻ נֻ חֻ שֻׁ מֻ לֻ עֻ קֻ יֻ דֻ תֻ גֻ אֻ וֻ בֻּ בֻ כֻּ כֻ צֻ זֻ פֻּ פֻ סֻ טֻ גֻ

Leseübung 2

בֹּ תֻ וֹ נֻ אֹ גֹ תֹ אֻ דֹ יֹ כֻ קֹ צֻ הֹ עֹ דֻ לֹ פֻּ קֻ מֹ יֻ חֹ חֻ נֹ רֹ

כֻּ מֻ עֻ פֹ שֹׁ טֹ שֻׁ וֻ הֻ סֹ פֻּ סֻ טֻ רֻ פֹּ זֻ בֻ זֹ בֻּ צֹ גֻ כֹ כֹּ לֻ ב

Leseübung 3

סֵ תֻ טֵ קֹ גֻ טֶ בֻ טְ הֹ סָ עֹ ס גֻ לֹ פֻּ מֹ פֻּ טוּ חֹ לֻ סֵ טָ נֹ סְ רֹ

טִי כֻּ סוּ ב סִ טוֹ בֹּ דֻ סוֹ וֹ סִי בֻּ טַ טֻ סִי אֹ ג סוֹ חֻ תֹ טְ דֹ יֹ

שֹׁ סֶ טַ רֻ סֶ טֵ פֹ נֻ טֶ סָ פֹּ טַ סְ זֹ טַ סִ הֻ סוּ צֹ טוֹ כֹ עֻ סְ כֹּ

מֻ סַ קֻ שֻׁ טוּ אֻ וֻ ט סַ כֻ טִ צֻ זֻ הֹ סֵ טִ ס טָ סִ טֹ טִי סֹ יֻ

חַנָּה שָׁרָה
שִׁיר לַחֲנֻכָּה.

בַּבַּיִת שֶׁל סַבָּא וְסַבְתָּא
יֵשׁ חֲנֻכִּיָּה גְּדוֹלָה.

שַׁחַר אוֹכֵל
סֻפְגָּנִיָּה בַּחֲנֻכָּה.

לְחַנָּה יֵשׁ חֻלְצָה יָפָה.

Wörter

dt.	*Umschrift*	*Hebr .*	*Nr.*
Fest der Tempelein-weihung	**chanukka**	חֲנֻכָּה	125
Chanukkaleuchter, w.	**chanukkija**	חֲנֻכִּיָּה	126
Krapfen, w.	**sufganija**	סֻפְגָּנִיָּה	127
Bluse, w.	**chulza**	חֻלְצָה	128

Lesen, verstehen und abschreiben

חַנָּה שָׁרָה שִׁיר לַחֲנֻכָּה.

מַה יֵּשׁ בַּבַּיִת שֶׁל סַבָּא
וְסַבְתָּא ?

בַּבַּיִת שֶׁל סַבָּא וְסַבְתָּא יֵשׁ
חֲנֻכִּיָּה גְּדוֹלָה.

שַׁחַר רוֹצֶה חֲנֻכִּיָּה כְּמוֹ
הַחֲנֻכִּיָּה שֶׁל סַבָּא וְסַבְתָּא .

מַה יֵּשׁ בַּחֲנֻכִּיָּה ?

בַּחֲנֻכִּיָּה יֵשׁ נֵר.

בַּחֲנֻכָּה קַר בַּלַּיְלָה .

שַׁחַר אוֹכֵל סֻפְגָּנִיָּה
בַּחֲנֻכָּה .

לְחַנָּה יֵשׁ חֻלְצָה יָפָה .

Ergänze die folgenden Sätze

חַנָּה ______ ______ לַ______ .	______ זֹאת ? ______ ______ .
שַׁחַר ______ ______ לַ______ .	______ זֹאת ? ______ ______ .
שַׁחַר ______ ______ בַּ______ .	______ זֹאת ? ______ ______ .

Schneide die Buchstaben (Anhang 4) aus und klebe sie an die richtige Stelle.

חֲ	נֻ	כָּ	ה

סֻ	פְ	גָּ	נִ	יָּ	ה

חֲ	נֻ	כִּ	יָּ	ה

חֻ	לְ	צָ	ה

חֲנֻכָּה

בַּחֲנֻכָּה קַר בַּלַּיְלָה .

בַּחֲנֻכָּה שַׁחַר בָּא
לְסַבָּא וְלְסַבְתָּא.

בַּבַּיִת שֶׁל סַבָּא וְסַבְתָּא
יֵשׁ חֲנֻכִּיָּה גְּדוֹלָה.

לְסַבָּא יֵשׁ נֵר בַּחֲנֻכָּה
וּלְסַבְתָּא יֵשׁ חֻלְצָה יָפָה .

שַׁחַר רוֹצֶה סֻפְגָּנִיָּה גְּדוֹלָה.

מִי בָּא בַּחֲנֻכָּה לְסַבָּא
וְסַבְתָּא ? ....

....

מַה יֵשׁ בַּחֲנֻכָּה בַּבַּיִת שֶׁל
סַבָּא וְסַבְתָּא ? ....

....

מַה יֵשׁ לְסַבָּא בַּחֲנֻכָּה ? ....

מַה יֵשׁ לְסַבְתָּא בַּחֲנֻכָּה ? ....

מַה שַׁחַר רוֹצֶה בַּחֲנֻכָּה ? ....

אבגדהוזחטיכלמנסעפצקרשת ךםןףץ

Buchstabe

(Mem sofit) ם

nur am Ende eines Wortes   m = ם

ם ם ם ם

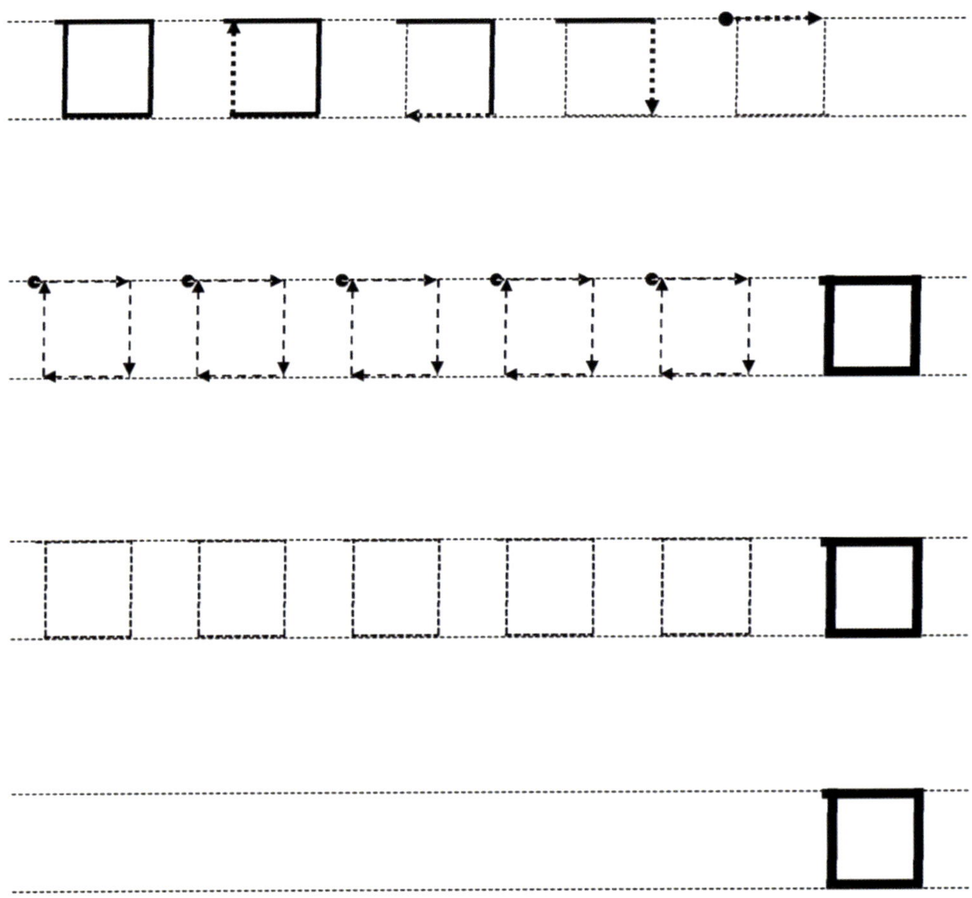

יָם   חַם   מַיִם   שָׁם

Wörter

תֵּל אָבִיב לְיַד הַיָּם.

בְּתֵל אָבִיב חַם.

בַּיָּם יֵשׁ מַיִם.

אֵיפֹה הַחֲלְצָה
שֶׁל תָּמָר? שָׁם.

אֵיפֹה הַנָּהָר? שָׁם.

Wörter

dt.	*Umschrift*	*Hebr.*	*Nr.*
Meer, m.	**jam**	יָם	129
heiß, warm, sg. m.	**cham**	חַם	130
Wasser, m.	**majim, pl.**	מַיִם	131
dort	**scham**	שָׁם	132

Lesen, verstehen und abschreiben

תֵּל אָבִיב לְיַד הַיָּם. ....

בְּתֵל אָבִיב חַם. ....

לְחַנָּה חַם כִּי הִיא בְּתֵל אָבִיב. ....

לְשַׁחַר קַר כִּי הוּא עַל הָהָר. ....

בַּיָּם יֵשׁ מַיִם. בַּיָּם יֵשׁ דָּג. ....

אֵיפֹה הַחֲלָצָה שֶׁל תָּמָר? ....

הַחֲלָצָה שֶׁל תָּמָר שָׁם. ....

Ergänze die folgenden Sätze

...... הַ...... ?	...... יֵשׁ ...... ?
הַ...... בְּתֵל	בַּ...... יֵשׁ ....
בְּ...... .... קַר .	...... הַנָּהָר ?
בְּ......	הַ...... לְיַד הַ...... ...... הַדַּיָּג .
.... בַּ...... ?	...... הַ...... שֶׁל ...... ?
בַּ...... .... בַּ......	הַ...... ...... שֶׁל ....
...... לְחַנָּה ...... ?	...... לְשַׁחַר ...... ?
.... בְּ......	.... הָ...... ....

Schneide die Buchstaben (Anhang 4) aus und klebe sie an die richtige Stelle.

ם	ם	ם	ם
חַ ם	יָ ם	שָׁ ם	מַ יִ ם

שָׁלוֹם, אֵיפֹה הַכֹּתֶל ?
שָׁם, לְיַד הַשַּׁעַר.

אֵיפֹה אַתָּה גָּר ?
אֲנִי גָּר בִּירוּשָׁלַיִם.

אֵיפֹה אַתָּה גָּר ?
אֲנִי גָּר בְּתֵל אָבִיב.

חַנָּה גָּרָה בְּתֵל אָבִיב.
גַּם תָּמָר גָּרָה בְּתֵל אָבִיב.

שַׁחַר מְדַבֵּר עִם הַיֶּלֶד
וְחַנָּה מְדַבֶּרֶת עִם תָּמָר.

Wörter

dt.	*Umschrift*	*Hebr .*	*Nr.*
Frieden, Friede, als Grußwort, m.	**schalom**	שָׁלוֹם	133
Jerusalem	**jeruschalájim**	יְרוּשָׁלַיִם	134
auch	**gam**	גַּם	135
mit	**im**	עִם	136

שָׁלוֹם, אַתָּה גָּר בִּירוּשָׁלַיִם ? ....

לֹא אֲנִי גָּר בְּתֵל אָבִיב . ...

גַּם אֲנִי גָּר בְּתֵל אָבִיב . ...

תָּמָר בָּאָה עִם סַבְתָּא ....

מִתֵּל אָבִיב לִירוּשָׁלַיִם . ...

מִי לוֹמֵד עִם תָּמָר עִבְרִית ? ....

שַׁחַר לוֹמֵד עִם תָּמָר עִבְרִית. ....

Ergänze die folgenden Sätze

.... , ... אַתָּה .... ?	.... מְדַבֶּרֶת ....
.... בְּ	סַבְתָּא.
.... , ... אַתְּ .... ?	.... בָּא .... תָּמָר לְ .... ?
.... בְּ	.... תָּמָר .
.... בְּ .... ?	.... לוֹמֵד .... תָּמָר .... ?
.... אֲנִי גָּרָה בְּ	....

מִי גָּר בְּתֵל אָבִיב ? ....

עִם מִי שַׁחַר מְדַבֵּר ? ....

עִם מִי חַנָּה מְדַבֶּרֶת ? ....

Schneide die Buchstaben (Anhang 4) aus und klebe sie an die richtige Stelle.

ם	ם	ם	ם
יְ ר וּ שָׁ לַ יִ ם	שָׁ ל וֹ ם	גַּ ם	עִ ם

אֵיפֹה הַיְלָדוֹת ?
הַיְלָדוֹת בַּבַּיִת
שֶׁל תָּמָר.

אֵיפֹה הַיְלָדִים ?
הַיְלָדִים לְיַד הַיָּם.

הַיְלָדִים רוֹצִים מַיִם .

הַיְלָדוֹת רוֹצוֹת עוּגָה.

הַיְלָדִים בָּאִים לַבַּיִת שֶׁל תָּמָר.
הֵם אוֹכְלִים עוּגָה כְּמוֹ הַיְלָדוֹת.

Wörter

dt.	*Umschrift*	*Hebr .*	*Nr.*
Jungen, Kinder, pl. m.	**jeladim**	יְלָדִים	137
Mädchen, pl. w.	**jeladot**	יְלָדוֹת	138
wollen, pl. m.	**rozim**	רוֹצִים	139
wollen, pl. w.	**rozot**	רוֹצוֹת	140
sie, pl. m.	**hem**	הֵם	141

Die Endung – ים ist die Form des männlichen Plural.
Die Endung – וֹת ist die Form des weiblichen Plural.

Lesen, verstehen und abschreiben

אֵיפֹה הַיְלָדִים ?
הַיְלָדִים לְיַד הַיָּם .
אֵיפֹה הַיְלָדוֹת ?
הַיְלָדוֹת בַּבַּיִת שֶׁל תָּמָר.
הַיְלָדִים רוֹצִים מַיִם
וְהַיְלָדוֹת רוֹצוֹת עוּגָה.
הַיְלָדִים בָּאִים לַבַּיִת שֶׁל
תָּמָר. הֵם אוֹכְלִים עוּגָה
כְּמוֹ הַיְלָדוֹת .
הַחֲבֵרִים שֶׁל שַׁחַר מְדַבְּרִים
וְשָׁרִים בְּעִבְרִית .
הַחֲבֵרוֹת שֶׁל תָּמָר מְדַבְּרוֹת
וְשָׁרוֹת בְּעִבְרִית .
הַכְּלָבִים הַגְּדוֹלִים בָּאִים
מֵהַפַּרְק וְהָעַגְבָנִיּוֹת
הַגְּדוֹלוֹת בָּאוֹת מֵהַכְּפָר .
הַמּוֹרִים לוֹמְדִים עִם
הַיְלָדִים תּוֹרָה וְהַמּוֹרוֹת
לוֹמְדוֹת עִם הַיְלָדוֹת עִבְרִית .
לַצַּיָּר יֵשׁ תְּמוּנוֹת חֲדָשׁוֹת .

הַחֲבֵרִים שֶׁל שַׁחַר גָּרִים ....
בְּתֵל אָבִיב . ...
גַּם הַחֲבֵרוֹת שֶׁל שַׁחַר ....
גָּרוֹת בְּתֵל אָבִיב . ...
הַיְּלָדִים שָׁרִים כְּמוֹ זַמָּרִים ....
וְהַיְּלָדוֹת שָׁרוֹת כְּמוֹ זַמָּרוֹת. ....

Ergänze die folgenden Sätze

.... הַ......... ?	.... הַ......... ?
הַ......... .... הַ......... .	הַ......... כַּ......... ....
הַ......... שָׁרִים בְּ......... .	הַ......... .... מַיִם .
הַ......... .... בְּ......... .	הַ......... .... עוּגָה .
הַכְּלָבִים .... מֵ......... .	מֵ......... .... ? הֵם מִ......... .
הָ......... .... מֵהַכְּפָר .	הַ......... שָׁרִים ....
לַ......... יֵשׁ	הַ......... .... כְּמוֹ ....

Schneide die Buchstaben (Anhang 4) aus und klebe sie an die richtige Stelle.

ם   ם

יְ | לָ | דִ | י | ם   ר | וֹ | צִ | י | ם   יְ | לָ | ד | וֹ | ת   ר | וֹ | צ | וֹ | ת

ם

הֵ | ם

יְרוּשָׁלַיִם

אֲנִי וְשַׁחַר גָּרִים בְּתֵל אָבִיב .

יְרוּשָׁלַיִם לְמַעְלָה עַל הָהָר
וְתֵל אָבִיב לְיַד הַיָּם.

הַחֲבֵרִים שֶׁל שַׁחַר בָּאִים עִם
שַׁחַר מִתֵּל אָבִיב לִירוּשָׁלַיִם.

הֵם לוֹמְדִים תּוֹרָה עִם שַׁחַר
לְיַד הַכֹּתֶל.

מִי גָּר בְּתֵל אָבִיב ? ....

אֵיפֹה יְרוּשָׁלַיִם ? ....

אֵיפֹה תֵּל אָבִיב? ....

מֵאֵיפֹה בָּאִים הַחֲבֵרִים שֶׁל ....
שַׁחַר ? ....

מַה לוֹמְדִים הַחֲבֵרִים שֶׁל ....
שַׁחַר ? ....

אֵיפֹה לוֹמְדִים הַחֲבֵרִים שֶׁל ....
שַׁחַר ? ....

אבגדהוזחטיכלמנסעפצקרשת ךםןףץ

Buchstabe

(Nun sofit) ן

nur am Ende eines Wortes n = ן

ן ן ן ן

ן ן

ן

ן

ן

גַּן קָטָן קְטַנָּה אֵין

Wörter

בְּגַן הַיְלָדִים הַגָּדוֹל
יֵשׁ יְלָדִים וִילָדוֹת.

אִמָּא וְאַבָּא בָּאִים
לְגַן הַיְלָדִים עִם
הַיֶּלֶד הַקָּטָן.

הַיַּלְדָּה הַקְּטַנָּה בָּאָה
מִגַּן הַיְלָדִים לְאַבָּא.

בְּגַן הַיְלָדִים אֵין יְלָדִים
גְּדוֹלִים וִילָדוֹת גְּדוֹלוֹת.

בְּגַן הַיְלָדִים יֵשׁ יְלָדִים
קְטַנִּים וִילָדוֹת קְטַנּוֹת .

Wörter

dt.	*Umschrift*	*Hebr .*	*Nr.*
Garten, m.	**gan**	גַּן	142
klein, sg. m.	**katan**	קָטָן	143
klein, sg. w.	**ketana**	קְטַנָּה	144
es gibt nicht	**äin**	אֵין	145

Lesen, verstehen und abschreiben

בְּגַן הַיְלָדִים הַגָּדוֹל יֵשׁ
יְלָדִים וִילָדוֹת .

אִמָּא וְאַבָּא בָּאִים לְגַן
הַיְלָדִים עִם הַיֶּלֶד הַקָּטָן.

גַּם הַיַּלְדָּה הַקְּטַנָּה בָּאָה
לְגַן הַיְלָדִים.

בְּגַן הַיְלָדִים אֵין יְלָדִים
גְּדוֹלִים וִילָדוֹת גְּדוֹלוֹת .

בְּגַן הַיְלָדִים יֵשׁ יְלָדִים
קְטַנִּים וִילָדוֹת קְטַנּוֹת .

לְאִמָּא וְאַבָּא יֵשׁ יֶלֶד קָטָן
הוּא בָּא מִגַּן הַיְלָדִים לְאִמָּא.

הַיַּלְדָּה הַקְּטַנָּה בָּאָה מִגַּן
הַיְלָדִים לְאַבָּא .

בְּגַן הַיְלָדִים יֵשׁ נַדְנֵדָה
קְטַנָּה לְיַד הַשַּׁעַר.

Ergänze die folgenden Sätze

בְּ...... הַ...... .... גְּדוֹלִים .... הַ...... הַ...... .... לְאִמָּא .	בְּ...... הַ...... .... יֵשׁ .... קְטַנִּים .... הַ...... הַ...... .... לְאַבָּא.

Wörter

בַּסִּפְרִיָּה יֵשׁ
שֻׁלְחָן גָּדוֹל.

חַנָּה וְתָמָר בַּסִּפְרִיָּה.
הֵן לוֹמְדוֹת עִבְרִית.

בְּשַׁבָּת יֵשׁ עַל
הַשֻּׁלְחָן יַיִן וְחַלּוֹת.

חַנָּה בַּבַּיִת ?
כֵּן הִיא לְמַעְלָה בַּחֶדֶר.

אַתָּה שַׁחַר ? כֵּן אֲנִי שַׁחַר.

Wörter

dt.	*Umschrift*	*Hebr .*	*Nr.*
sie, pl. w.	**hen**	הֵן	146
Tisch, m.	**schulchan**	שֻׁלְחָן	147
Wein, m.	**jájin**	יַיִן	148
ja	**ken**	כֵּן	149

Lesen, verstehen und abschreiben

חַנָּה וְתָמָר בַּסִּפְרִיָּה . ……………………

הֵן לוֹמְדוֹת עִבְרִית . ……………………

בַּסִּפְרִיָּה יֵשׁ סְפָרִים עַל ……………………

הַשֻּׁלְחָן הַגָּדוֹל. ……………………

מַה יֵשׁ בְּשַׁבָּת עַל הַשֻּׁלְחָן ? ……………………

בְּשַׁבָּת יֵשׁ עַל הַשֻּׁלְחָן יַיִן ……………………

וְחַלּוֹת . ……………………

אַתְּ תָמָר ? כֵּן אֲנִי תָמָר. ……………………

אַתָּה שַׁחַר ? כֵּן אֲנִי שַׁחַר. ……………………

Ergänze die folgenden Sätze

בְּשַׁבָּת ______ הַ______ ______ ______ .	הַיְלָדוֹת ? ______ שָׁם . ______
אַתְּ ______ ? ______ ______ ______ .	הַיְלָדִים ? ______ ______ . ______
______ שַׁחַר? ______ ______ ______ .	בַּ______ ______ ______ גָּדוֹל.

Schneide die Buchstaben (Anhang 4) aus und klebe sie an die richtige Stelle.

ן שֻׁ לְ חָ ן	ן קָ טָ ן	ן גַּ ן	קְ טַ נָּ ה
ן כֵּ ן	ן הֵ ן	ן יַ יִ ן	ן אֵ י ן

הַמּוֹרָה הַחֲדָשָׁה

שָׁלוֹם אֲנִי הַמּוֹרָה הַחֲדָשָׁה .

אַתָּה שַׁחַר ?

כֵּן אֲנִי שַׁחַר.

אֵיפֹה הַיְלָדוֹת תָּמָר וְחַנָּה ?

הֵן שָׁם לְיַד הַתְּמוּנָה הַגְּדוֹלָה .

אֵיפֹה הַיְלָדִים ?

הֵם בָּאִים לַכִּתָּה .

עַל הַשֻּׁלְחָן שֶׁל שַׁחַר יֵשׁ סֵפֶר בְּעִבְרִית
אֲבָל אֵין מַחְבֶּרֶת .

הַיְלָדִים לוֹמְדִים עִבְרִית עִם הַמּוֹרָה הַחֲדָשָׁה .

הַיְלָדִים וְהַיְלָדוֹת שָׁרִים שִׁירִים בַּכִּתָּה רַק בְּעִבְרִית .

הֵם לוֹמְדִים מִלִּים חֲדָשׁוֹת כְּמוֹ שֻׁלְחָן וְגַן .

אבגדהוזחטיכלמנסעפצקרשת דםןףץ

Buchstabe

(Sin) שׂ

scharfes s wie in essen S = שׂ

ש ש ש ש

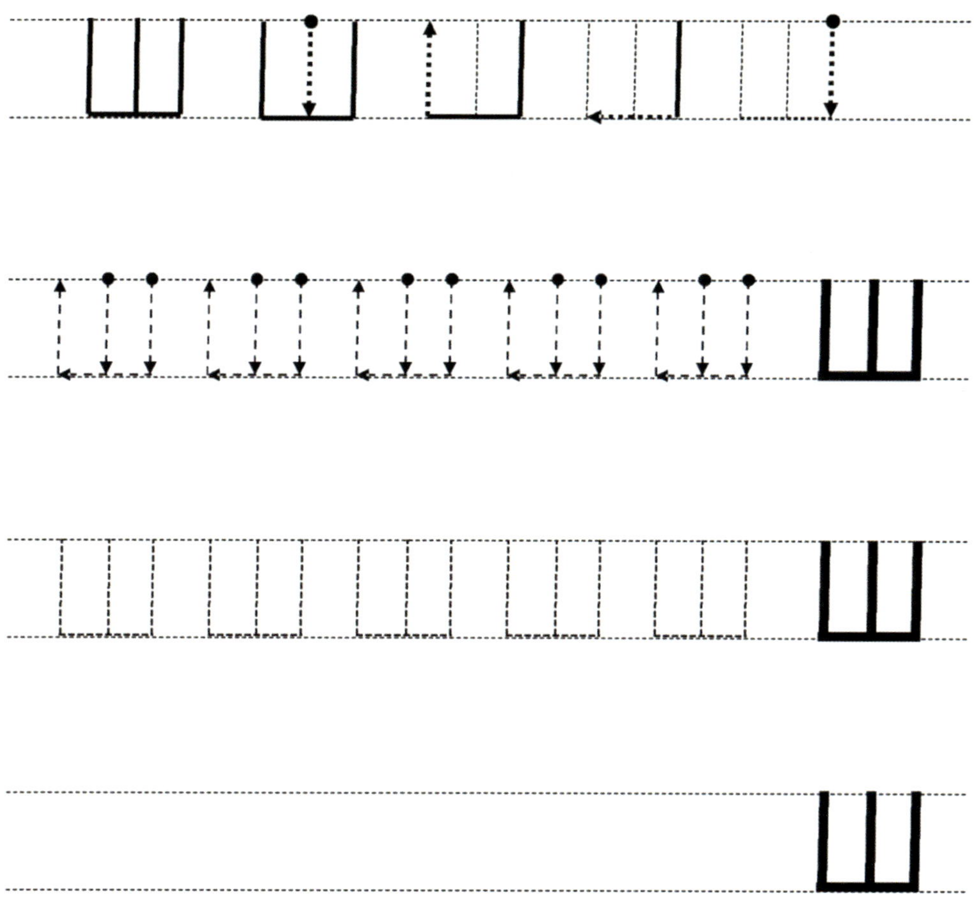

Leseübung

שׂ שָׂ שַׂ שֶׂ שׂ שֵׂ שְׂ שִׂ שִׂי שׂוּ שׂוֹ שֵׂי שֲׂ שֱׂ שִׂ שֵׂ שְׂ שׂ שִׂ שׂ̈

אַתְּ מִיִּשְׂרָאֵל ?
כֵּן, אֲנִי גָּרָה בְּתֵל אָבִיב.

הַשָּׂפָה הָעִבְרִית הִיא שָׂפָה
יָפָה וְלֹא חֲדָשָׁה .

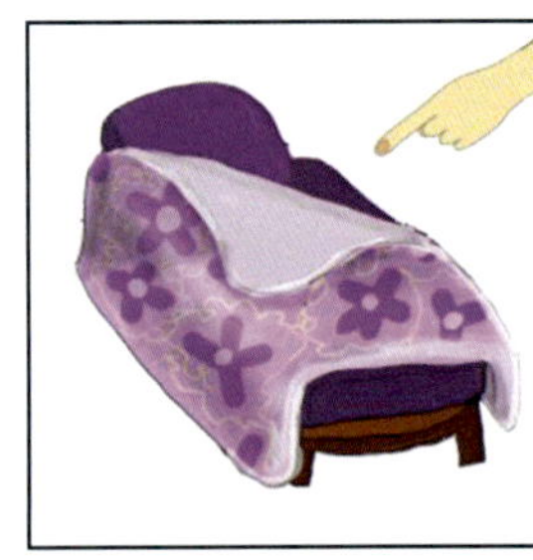

מַה זֹּאת ?
זֹאת הַשְּׂמִיכָה שֶׁל תָּמָר.

שֶׁל מִי הַשִּׂמְלָה הַחֲדָשָׁה ?
הַשִּׂמְלָה הַחֲדָשָׁה שֶׁל הַיַּלְדָּה.

Wörter

dt.	Umschrift	Hebr .	Nr.
Israel, w.	**jisrael**	יִשְׂרָאֵל	150
Sprache, w.	**safa**	שָׂפָה	151
Decke, w.	**smicha**	שְׂמִיכָה	152
Kleid, w.	**simla**	שִׂמְלָה	153

Lesen, verstehen und abschreiben

אֵיפֹה אַתָּה גָּר ? ....

אֲנִי גָּר בְּיִשְׂרָאֵל. ....

אַתָּה מִיִּשְׂרָאֵל ? ....

לֹא אֲבָל אֲנִי מְדַבֵּר עִבְרִית. ....

אַתְּ גָּרָה בְּיִשְׂרָאֵל ? ....

כֵּן אֲנִי גָּרָה בִּירוּשָׁלַיִם . ...

הַשָּׂפָה הָעִבְרִית לֹא שָׂפָה ....

חֲדָשָׁה הִיא בָּאָה מֵהַתּוֹרָה. ....

זֹאת הַשְּׂמִיכָה שֶׁל תָּמָר ? ....

לְתָמָר קַר הִיא רוֹצָה שְׂמִיכָה. ....

זֹאת הַשִּׂמְלָה שֶׁל הַיַּלְדָּה ? ....

Ergänze die folgenden Sätze

גָּר ?	הַ .... הָ .... הִיא ....
.... בְּ	יָפָה וְלֹא ....
לֹא גָּר בְּ .... אֲבָל	זֹאת הַ ....
....	וְזֹאת הַ .... הַ ....

Schneide die Buchstaben (Anhang 4) aus und klebe sie an die richtige Stelle.

שָׂ		
שָׂ	פָ	ה

שְׂ				
שְׂ	מִ	י	כָ	ה

שִׂ			
שִׂ	מְ	לָ	ה

	שְׂ			
יִ	שְׂ	רָ	אֵ	ל

יִשְׂרָאֵל

בְּיִשְׂרָאֵל יֵשׁ הָרִים שֶׁמֶשׁ וְיָם.

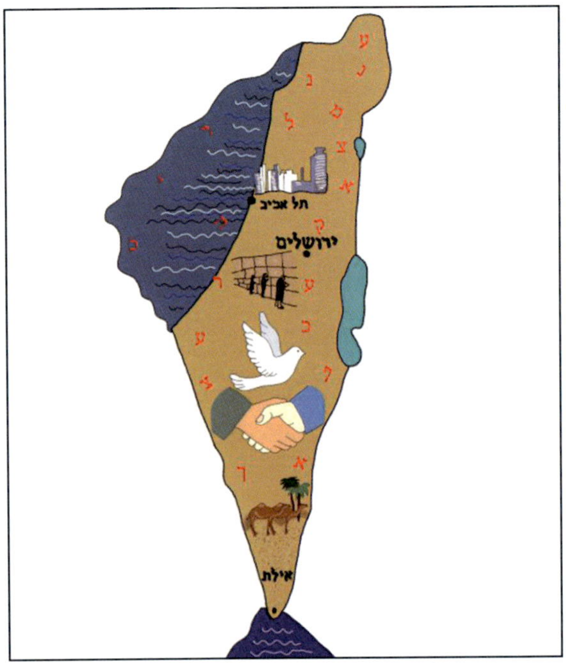

הַשָּׂפָה בְּיִשְׂרָאֵל הִיא עִבְרִית.

יִשְׂרָאֵל, הַכֹּתֶל וִירוּשָׁלַיִם
הֵם הַבַּיִת שֶׁל הַיְּהוּדִים .

הַיְּהוּדִים לוֹמְדִים תּוֹרָה וְגַם
עִבְרִית לֹא רַק בְּיִשְׂרָאֵל .

הַמִּלָּה יְרוּשָׁלַיִם בָּאָה מֵהַמִּלָּה שָׁלוֹם .
אֲנִי רוֹצֶה שָׁלוֹם בְּיִשְׂרָאֵל. אֲנִי רוֹצָה שָׁלוֹם בְּיִשְׂרָאֵל .

שַׁבָּת

בַּבַּיִת שֶׁל סַבָּא וְסַבְתָּא
אוֹכְלִים דָּג בְּשַׁבָּת.

עַל הַשֻּׁלְחָן בְּשַׁבָּת
יֵשׁ יַיִן חַלּוֹת וְגַם נֵרוֹת .

סַבְתָּא שָׁרָה שִׁיר לְשַׁבָּת
וַאֲנִי לוֹמֵד עִם סַבָּא תּוֹרָה.

אבגדהוזחטיכלמנסעפצקרשת ךםןףץ

Buchstabe

(Fe sofit) ף

nur am Ende eines Wortes f = ף

ף ף ף ף

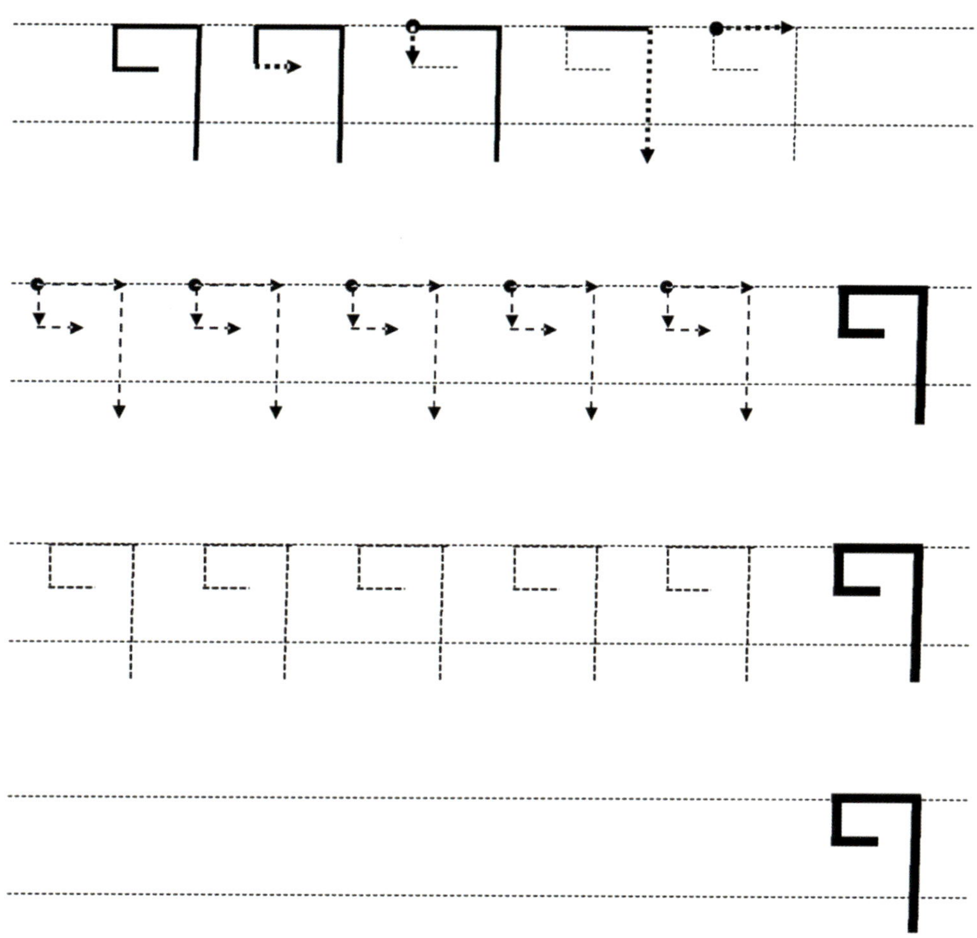

קוף אַף עָנָף סוף

Wörter

הָאַף שֶׁל
הַקוֹף גָּדוֹל.

הַ**קוֹף** אוֹכֵל מַהֵר.

הֶעָנָף הַקָּטָן עַל הַמִדְרָכָה.

בְּ**סוֹף** הַמַּחְבֶּרֶת שֶׁל חַנָּה
יֵשׁ שִׁיר קָטָן לְאִמָּא.

Wörter

dt.	*Umschrift*	*Hebr .*	*Nr.*
Affe, m.	**kof**	קוֹף	154
Nase, m.	**af**	אַף	155
Zweig, m.	**anaf**	עָנָף	156
Ende, m.	**sof**	סוֹף	157

Lesen, verstehen und abschreiben

הַקּוֹף לֹא מְדַבֵּר עִבְרִית . ____________________

הַקּוֹף לֹא אוֹכֵל מֵהַצַּלַּחַת . ____________________

הַקּוֹף עַל הֶעָנָף . ____________________

לַעֲנָק יֵשׁ אַף גָּדוֹל . ____________________

בְּסוֹף הַמִּדְרָכָה יֵשׁ בַּיִת . ____________________

בְּסוֹף הַמַּחְבֶּרֶת שֶׁל חַנָּה ____________________

יֵשׁ שִׁיר קָטָן . ____________________

הַיֶּלֶד לֹא מְדַבֵּר עִם הַיַּלְדָּה ____________________

אֲבָל בַּסּוֹף הֵם חֲבֵרִים .

Ergänze die folgenden Sätze

הַ____ לֹא ____ ____ .	הַ____ לֹא ____ מֵ____ .
____ הַ____ ?	מַה בְּ____ הַ____ ____ ?
הַ____ עַל הֶ____ .	בְּ____ הַ____ ____ בַּיִת .
לְמִי ____ ____ ____ ?	____ ____ שִׁיר ____ ?
לַ____ ____ ____ ____ .	בְּ____ הַ____ ____ ____ .

Schneide die Buchstaben (Anhang 4) aus und klebe sie an die richtige Stelle.

ף	ף	ף	ף
ק וֹ ף	עָ נָ ף	אַ ף	ס וֹ ף

אבגדהוזחטיכלמנסעפצקרשת ךםןףץ

Buchstabe

(Zadi sofit) ץ

nur am Ende eines Wortes z = ץ

ץ ץ ץ ץ

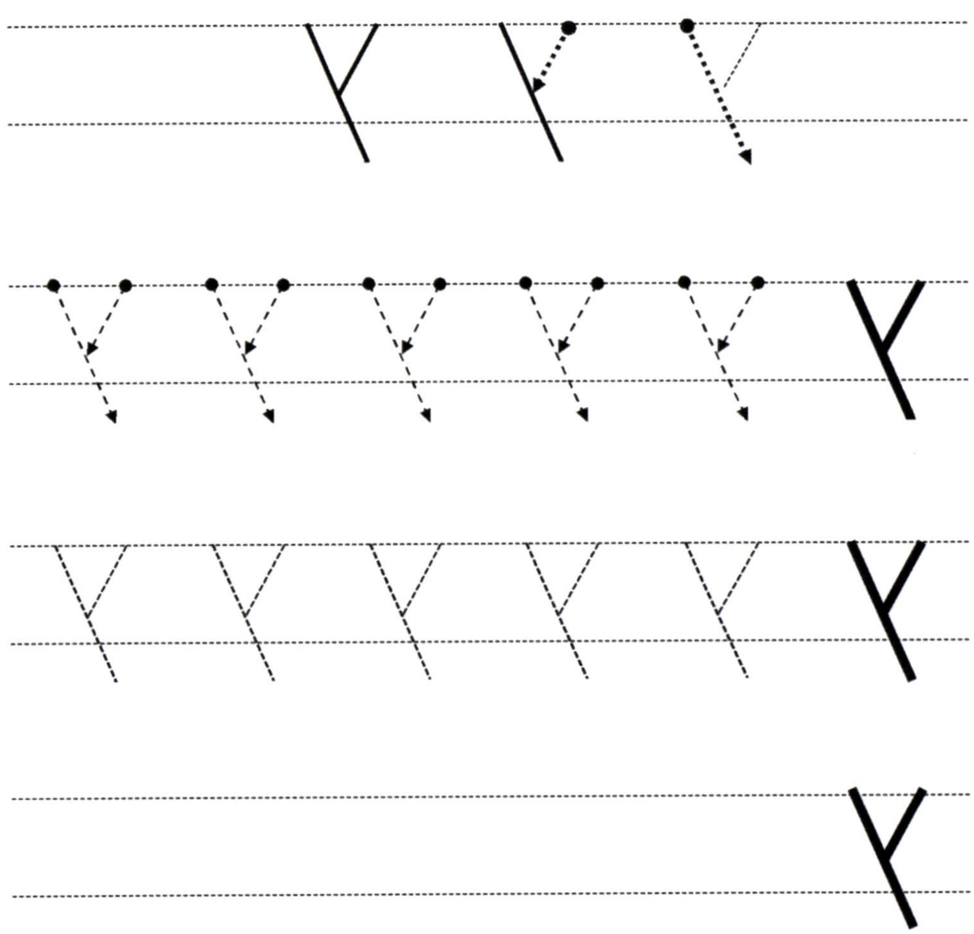

עֵץ עֲצִיץ קַיִץ מִיץ

לָעֵץ יֵשׁ עֲנָפִים
עִם פְּרָחִים.

בֶּעָצִיץ הֶחָדָשׁ יֵשׁ
עַגְבָנִיּוֹת קְטַנּוֹת.

בַּקַּיִץ הַיְלָדִים לֹא לוֹמְדִים
בַּכִּתָּה הֵם בַּבַּיִת .

שַׁחַר רוֹצֶה מִיץ.

Wörter

dt.	Umschrift	Hebr .	Nr.
Baum, m.	**ez**	עֵץ	158
Blumentopf, m.	**aziz**	עָצִיץ	159
Sommer, m.	**kajiz**	קַיִץ	160
Saft, m.	**miz**	מִיץ	161

Lesen, verstehen und abschreiben

בַּפַּרְק יֵשׁ עֵצִים עִם עֲנָפִים ....
גְּדוֹלִים אֲבָל בַּבַּיִת יֵשׁ ....
עֲצִיץ חָדָשׁ עִם עֵץ קָטָן ....
וַעֲנָפִים קְטַנִּים . ...

בְּיִשְׂרָאֵל חַם בַּקַּיִץ . ...

בַּקַּיִץ הַיְלָדִים וְהַיְלָדוֹת ....
בָּאִים לַיָּם בְּתֵל אָבִיב . ...

בַּקַּיִץ הַיְלָדִים רוֹצִים מִיץ ....
וְהָעֵצִים רוֹצִים מַיִם . ...

בַּקַּיִץ אֲנִי טָס בַּמָּטוֹס עִם ....
אַבָּא וְאִמָּא . ...

Ergänze die folgenden Sätze

.... לָ........ ?	אֵיפֹה הַ........ בַּ........ ?
לָ........ יֵשׁ	הַ........ בַּ........ .
מַה .... בֶּ........ ?	מַה .... ?
בֶּ........ יֵשׁ	שַׁחַר ....

Schneide die Buchstaben (Anhang 4) aus und klebe sie an die richtige Stelle.

ץ	ץ	ץ	ץ
עֵ ץ	קַ יִ ץ	מִ י ץ	עֲ צִ י ץ

אבגדהוזחטיכלמנסעפצקרשת ךםןףץ

Buchstabe

(Chaf sofit) ך

nur am Ende eines Wortes   ch = ך

ך ך ך ך

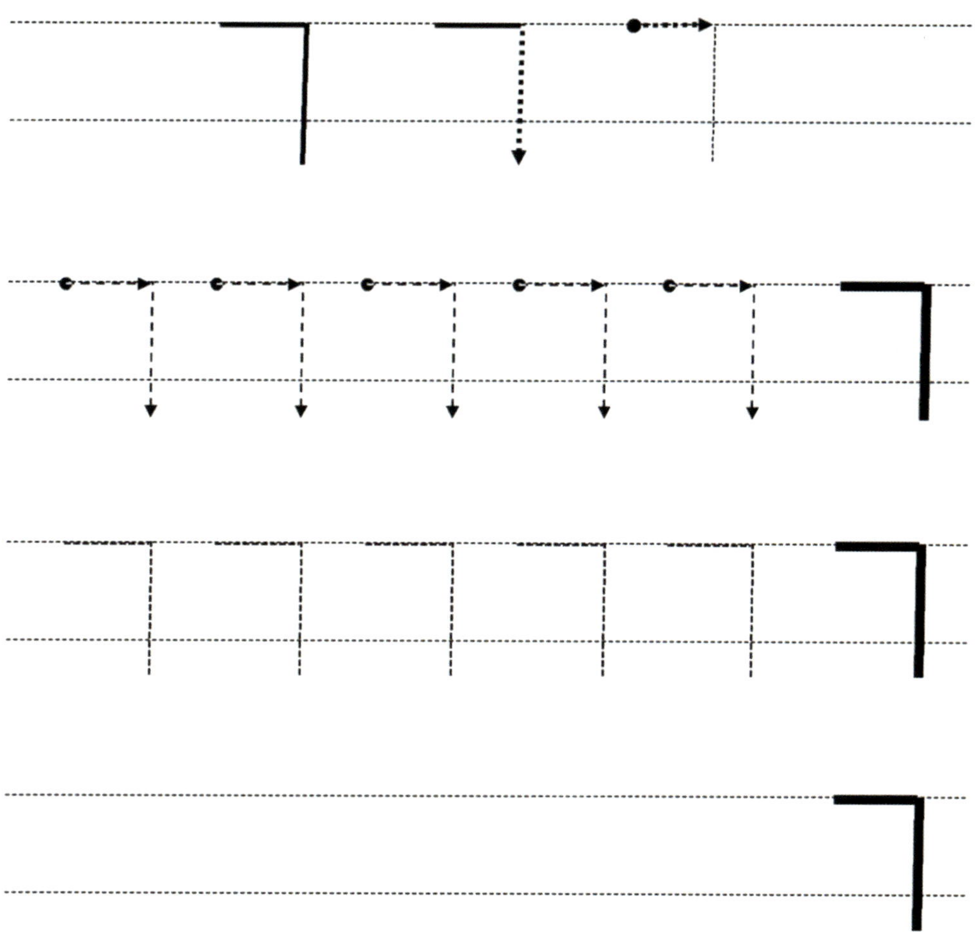

הוֹלֵךְ   הוֹלֶכֶת   דֶּרֶךְ   כָּרִיךְ

שַׁחַר הוֹלֵךְ לְחַנָּה .

חַנָּה הוֹלֶכֶת לְתָמָר.

שַׁחַר מְדַבֵּר עִם הָאִמָּא שֶׁל חַנָּה.
שַׁחַר: אֵיפֹה חַנָּה?

הָאִמָּא שֶׁל חַנָּה אוֹמֶרֶת לְשַׁחַר,
חַנָּה אֵצֶל תָּמָר.

בַּסּוֹף שַׁחַר הוֹלֵךְ לְתָמָר.

בַּדֶּרֶךְ לַבַּיִת שֶׁל תָּמָר
יֵשׁ עֵצִים גְּדוֹלִים.

שַׁחַר נָח לְיַד עֵץ וְאוֹכֵל כָּרִיךְ.

חַנָּה הוֹלֶכֶת מֵהַבַּיִת שֶׁל תָּמָר.

בַּסּוֹף שַׁחַר וְחַנָּה הוֹלְכִים
לַבַּיִת שֶׁל חַנָּה.

Wörter

dt.	*Umschrift*	*Hebr .*	*Nr.*
geht, sg. m.	**holech**	הוֹלֵךְ	162
geht, sg. w.	**holéchet**	הוֹלֶכֶת	163
Weg, w.	**derech**	דֶּרֶךְ	164
Sandwich, m.	**carich**	כָּרִיךְ	165

Lesen, verstehen und abschreiben

שַׁחַר הוֹלֵךְ מַהֵר.

תָּמָר הוֹלֶכֶת לְאַט.

הַדֶּרֶךְ מֵהַבַּיִת שֶׁל תָּמָר
לַבַּיִת שֶׁל חַנָּה חֲדָשָׁה.

בַּכָּרִיךְ שֶׁל שַׁחַר יֵשׁ ....
עַגְבָנִיָּה. ....

Ergänze die folgenden Sätze

מִי ______ לְ ______ ?	______ יֵשׁ בַּ ______ ?
שַׁחַר ______ לְ ______ .	בַּ ______ ______ ______ .
______ ______ מַהֵר ?	______ ______ לְאַט ?
______ ______ ______ .	______ ______ ______ .

Schneide die Buchstaben (Anhang 4) aus und klebe sie an die richtige Stelle.

ד		ד		ד	
כָּ ר ִ י ךְ		דֶּ ר ֶ ךְ		ה ו ֹ ל ֵ ךְ	ה ו ֹ ל ֶ כ ֶ ת

בַּקַּיִץ

בַּקַּיִץ אַבָּא הוֹלֵךְ
עִם שַׁחַר לַיָּם.

בַּדֶּרֶךְ לַיָּם שַׁחַר רוֹצֶה מִיץ
אֲבָל לְאַבָּא יֵשׁ רַק מַיִם.

בַּסּוֹף הֵם הוֹלְכִים
לְסַבָּא וְסַבְתָּא.

(Zadi) צ'	(Sajin) ז'	(Gimmel) ג'

Gimel, Sajin, und Zadi mit Apostroph werden zur Wiedergabe von fremdsprachlichen Lauten benutzt:

wie bei Jim = ג'

wie bei Jeannette = ז'

wie bei Tschechien = צ'

Leseübung 1

גַ' גֶ' ג' גְ' גִ' גֵ' גִ'י ג'וֹ גֵ' ג'וּ ג' גֻ' גַ' גָ' גֶ' ג' גְ' גִ' גֵ' גִ'י ג'וֹ גָ'

Leseübung 2

זָ' זַ' זֵ' זֶ' זִ' זִ'י ז'וּ ז'וֹ זֻ' זְ' זָ' זַ' זֵ' זֶ' זִ' זִ'י ז'וּ ז'וֹ זֻ' ז'

Leseübung 3

צָ' צִ' צַ' צֵ' צ' צְ' צִ'י צ'וֹ צֶ' צ'וּ צֻ' צָ' צֵ' צַ' צֶ' צ' צְ' צִ'

Leseübung 4

גַ' צָ' גֶ' צָ' זָ' ג' גְ' צִ' זַ' גִ' זֶ' גִ'י ג'וֹ צְ' זָ' גֵ' זֻ' ג'וּ זֶ' צ'וֹ זַ'
ג' צ'וּ זֵ' צֵ' גֻ' צֻ' ז'וֹ גַ' גָ' זִ'י ג' גְ' צ' זִ'י גִ' צֵ' זֻ' גֵ' צ' גִ'י
צִ'י ז'וּ צֶ' ג'וֹ גָ' צַ' זֵ' צְ' זִ' גֶ' צַ' ז'וּ צִ' ז'וֹ זְ' צֶ' זִ' ז'

Wörter

הַגִּ'ירָפָה אוֹכֶלֶת
עֲנָפִים קְטַנִּים.

בַּגּ'וּנְגֶל הַקּוֹפִים
אוֹכְלִים עַל הָעֵצִים.

Wörter

dt.	Umschrift	Hebr .	Nr.
Giraffe, w.	**djirafa**	גִּ'ירָפָה	166
Dschungel, m.	**djúngel**	גּ'וּנְגֶל	167

Lesen, verstehen und abschreiben

הַגִּ'ירָפָה הוֹלֶכֶת לְאַט. ....

בַּגּ'וּנְגֶל יֵשׁ גִּ'ירָפוֹת ....
וְקוֹפִים. ....

Ergänze die folgenden Sätze

מַה הַ .... ?	מַה .... בַּ .... ?
הַ	בַּ ....

Schneide die Buchstaben (Anhang 4) aus und klebe sie an die richtige Stelle.

ג'				
גִּ'	י	רָ	פָ	ה

ג'				
גּ'	וּ	נְ	גֶ	ל

Wörter

זָ'אק הוֹלֵךְ בַּדֶּרֶךְ.

לְזָ'אק יֵשׁ זָ'קֶט יָפֶה .

Wörter

dt.	*Umschrift*	*Hebr .*	*Nr.*
Jackett, m.	**jaket**	זָ'קֶט	168
Jacques	**djak**	זָ'אק	169

Lesen, verstehen und abschreiben

זָ'אק הוֹלֵךְ מַהֵר. ....

לְזָ'אק יֵשׁ זָ'קֶט חָדָשׁ. ....

Ergänze die folgenden Sätze

מִי .... ?	מַה .... לְ .... ? לְ ....

Schneide die Buchstaben (Anhang 4) aus und klebe sie an die richtige Stelle.

ז'

זָ' קֶ ט

ז'

זָ' א ק

Wörter

בְּבַיִת שֶׁל הַזַּמָּר
יֵשׁ צֶ'לוֹ גָּדוֹל.

הַיֶּלֶד אוֹכֵל
רַק צִ'יפְּס .

הַצִּ'יטָה גָּרָה בַּג'וּנְגֶּל.

Wörter

dt.	*Umschrift*	*Hebr .*	*Nr.*
Cello, m.	**tschélo**	צֶ'לוֹ	170
Chips	**tschips**	צִ'יפְּס	171
Gepard, w.	**tschita**	צִ'יטָה	172

Lesen, verstehen und abschreiben

לְמִי יֵשׁ צֶ'לוֹ גָּדוֹל ?
לַזַּמָּר יֵשׁ צֶ'לוֹ גָּדוֹל.

לָמָּה יֵשׁ צִ'יפְּס בַּבַּיִת ?
כִּי הַיֶּלֶד אוֹכֵל רַק צִ'יפְּס .

אֵיפֹה הַצִּ'יטָה גָּרָה ?
הַצִּ'יטָה גָּרָה בַּג'וּנְגֶּל.

תָּמָר הוֹלֶכֶת לְאַט אֲבָל ....
הַצִּ'יטָה הוֹלֶכֶת מַהֵר. ....

Ergänze die folgenden Sätze

? אוֹכֵל .... הַ	? .... בַּ .... לַ ....
. ... רַק .... הַ	. ... בַּ .... לַזַּמָּר
. ... גָּרָה בַּ .... הַ	מַהֵר. .... הַ

Schneide die Buchstaben (Anhang 4) aus und klebe sie an die richtige Stelle.

צ'			
צִ'	י	פְּ	ס

צ'		
צֶ'	ל	וֹ

צ'			
צִ'	י	טָ	ה

בַּגְ'וּנְגֶּל

זָ'אק הוֹלֵךְ בַּגְ'וּנְגֶּל הַגָּדוֹל.

בַּגְ'וּנְגֶּל יֵשׁ גִּ'ירָפוֹת לְיַד
הַנָּהָר וְקוֹפִים עַל הָעֵצִים.

בַּדֶּרֶךְ זָ'אק אוֹכֵל כָּרִיךְ.

הַצִּ'יטָה בָּאָה לְזָ'אק
וְזָ'אק הוֹלֵךְ מַהֵר מֵהַצִּ'יטָה.

Wörter

הַתַּפּוּחַ הַקָּטָן
עַל הָעֵץ.

הַלּוּחַ בַּכִּתָּה גָּדוֹל.

אֵיפֹה הַמַּפְתֵּחַ שֶׁל סַבְתָּא?
הַמַּפְתֵּחַ שֶׁל סַבְתָּא עַל הַשֻּׁלְחָן.

Wörter

dt.	*Umschrift*	*Hebr .*	*Nr.*
Apfel, m.	**tapúach**	תַּפּוּחַ	173
Tafel, m.	**lúach**	לוּחַ	174
Schlüssel, m.	**maftéach**	מַפְתֵּחַ	175

7. Endet ein Wort auf חַ oder עַ, dann wird der Vokal **A** davor gesprochen, z. B. תַּפּוּחַ = tapuach

Lesen, verstehen und abschreiben

שַׁחַר אוֹכֵל תַּפּוּחַ לְיַד הַלּוּחַ. ....

לְאַבָּא יֵשׁ מַפְתֵּחַ לַבַּיִת. ....

Schneide die Buchstaben (Anhang 4) aus und klebe sie an die richtige Stelle.

תַּ	פּ	וּ	חַ

לְ	וּ	חַ

מַ	פְ	תֵּ	חַ

Wörter

כָּל הַיְלָדִים בְּיִשְׂרָאֵל
לוֹמְדִים עִבְרִית.

הָאֳנִיָּה עַל הַמַּיִם.

Wörter

dt.	*Umschrift*	*Hebr.*	*Nr.*
jeder, alle	**kol**	כָּל	176
Schiff, w.	**onija**	אֳנִיָּה	177

8. Kamaz allein **kann** wie O ausgesprochen werden, z. B. כָּל = kol

   Schva mit Kamaz = ֳ = Chataf-Kamaz wird wie O gesprochen,
   z. B. אֳנִיָּה = onija

Lesen, verstehen und abschreiben

הַדַּיָּג עַל הָאֳנִיָּה . ...

כָּל הַסְּפָרִים שֶׁל שַׁחַר בַּכִּתָּה. ....

Ergänze die folgenden Sätze

הַ.......... .... הָ.......... .	הַ.......... .... בַּכִּתָּה .

Schneide die Buchstaben (Anhang 4) aus und klebe sie an die richtige Stelle.

כָּ	ל

אֳ	נִ	יָּ	ה

Wörter

הַקּוֹף אוֹכֵל אֱגוֹז.

זֹאת כָּל הָאֱמֶת.

Wörter

dt.	*Umschrift*	*Hebr .*	*Nr.*
Nuss, m.	**egos**	אֱגוֹז	178
Wahrheit, w.	**emet**	אֱמֶת	179

Lesen, verstehen und abschreiben

בַּעוּגָה יֵשׁ אֱגוֹזִים. ....

הַיְּלָדִים רוֹצִים אֱגוֹזִים. ....

בְּכָל מִלָּה יֵשׁ אֱמֶת. ....

Ergänze die folgenden Sätze

הַ.......... אוֹכֵל	.... כָּל הָ.......... .

Schneide die Buchstaben (Anhang 4) aus und klebe sie an die richtige Stelle.

אֱ	ג	וֹ	ז

אֱ	מֶ	ת

שִׁיר

בַּכִּתָּה יֵשׁ לוּחַ
וְלַקּוֹף יֵשׁ תַּפּוּחַ.

לָעֵץ יֵשׁ עָנָף
וְלַכֶּלֶב יֵשׁ אַף.

לְחַנָּה יֵשׁ סֵפֶר
עִם מִלִּים .

הַכֹּל בְּעִבְרִית
גַּם הַשִּׁירִים .

חַנָּה מְדַבֶּרֶת עִבְרִית בַּכִּתָּה וְגַם בַּחֶדֶר וְזֶה סוֹף הַסֵּפֶר.

מַה יֵשׁ בַּכִּתָּה ? ....

מַה יֵשׁ לַקּוֹף ? ....

מַה יֵשׁ לָעֵץ ? ....

מַה יֵשׁ לַכֶּלֶב ? ....

מַה יֵשׁ לְחַנָּה ? ....

מַה חַנָּה מְדַבֶּרֶת ? ....

רֹאשׁ הַשָּׁנָה

בְּרֹאשׁ הַשָּׁנָה בָּאָה
הַשָּׁנָה הַחֲדָשָׁה.

בְּרֹאשׁ הַשָּׁנָה יֵשׁ לְשַׁחֵר
כִּפָּה עִם הַמִּלִּים שָׁנָה טוֹבָה.

בְּרֹאשׁ הַשָּׁנָה יֵשׁ עַל
הַשֻּׁלְחָן תַּפּוּחַ וּדְבַשׁ.

בְּרֹאשׁ הַשָּׁנָה הַשּׁוֹפָר
שֶׁל סַבָּא שָׁר כְּמוֹ יֶלֶד קָטָן.

Wörter

dt.	*Umschrift*	*Hebr .*	*Nr.*
Neujahr, wörtlich: Kopf des Jahres	**rosch haschana**	רֹאשׁ הַשָּׁנָה	180
gut, sg. w.	**tova**	טוֹבָה	181
Widderhorn, m.	**schofar**	שׁוֹפָר	182
Honig, m.	**devasch**	דְּבַשׁ	183
Kippa, w.	**kipa**	כִּפָּה	184

הָרֹאשׁ שֶׁל הָעֲנָק גָּדוֹל
אֲבָל הָרֹאשׁ שֶׁל הָעַכְבָּר קָטָן.

מַה יֵּשׁ לַעֲנָק ? ....

מַה יֵּשׁ לָעַכְבָּר ? ....

שַׁחַר יֶלֶד טוֹב הוּא אוֹכֵל
עִם כִּפָּה עַל הָרֹאשׁ.

חַנָּה יַלְדָּה טוֹבָה הִיא
לוֹמֶדֶת עִבְרִית עִם אִמָּא.

Ergänze die folgenden Sätze und beantworte die Fragen

מִי יֶלֶד ______ ? ....
מִי יַלְדָּה ______ ? ....

מִי בָּא בְּ______ הַ______ ? ....
מַה יֵּשׁ לְשַׁחַר עַל הָרֹאשׁ ....
בְּ______ הַ______ ? ....
מַה יֵּשׁ עַל הַשֻּׁלְחָן ....
בְּ______ הַ______ ? ....
מַה יֵּשׁ לְסַבָּא ....
בְּ______ הַ______ ? ....

Schneide die Buchstaben (Anhang 4) aus und klebe sie an die richtige Stelle.

רֹ	א	שׁ		הַ	שָּׁ	נָ	ה		ט	וֹ	בָ	ה		שׁ	וֹ	פָ	ר		דְּ	בַ	שׁ		כִּ	פָּ	ה

יוֹם כִּפּוּר

בְּיוֹם כִּפּוּר אֲנִי הוֹלֵךְ
עִם אַבָּא לְבֵית הַכְּנֶסֶת.

בְּבֵית הַכְּנֶסֶת יֵשׁ לְאַבָּא
טַלִּית וְגַם סִדּוּר.

אִמָּא וְאַבָּא לֹא אוֹכְלִים
בְּיוֹם כִּפּוּר.

Wörter

dt.	*Umschrift*	*Hebr .*	*Nr.*
Versöhnungsfest, wörtlich: Versöhnungstag	**jom kipur**	יוֹם כִּפּוּר	185
Synagoge, wörtlich: Haus der Versammlung	**beit knesset**	בֵּית כְּנֶסֶת	186
Gebetbuch, m.	**sidur**	סִדּוּר	187
Gebetsschal, w.	**talit**	טַלִּית	188

בַּיּוֹם יֵשׁ שֶׁמֶשׁ וְגַם חַם.

בַּלַּיְלָה אֵין שֶׁמֶשׁ וְקַר.

Das Wort בַּיִת verändert sich zu בֵּית - סֵפֶר , בֵּית - כְּנֶסֶת

Ergänze die folgenden Sätze und beantworte die Fragen

לְאֵיפֹה שַׁחַר הוֹלֵךְ	....
בְּ .... ?	....
מַה יֵשׁ לְאַבָּא שֶׁל שַׁחַר	....
בְּ .... ?	....
מִי לֹא אוֹכֵל	....
בְּ .... ?	....

יְלָדִים וִילָדוֹת לוֹמְדִים בְּבֵית סֵפֶר.

מוֹרִים וּמוֹרוֹת הוֹלְכִים לְבֵית סֵפֶר.

מִי לוֹמֵד בְּ .... ?

יְלָדִים וִילָדוֹת לוֹמְדִים בְּ ....

Nr.	Hebr.	Umschrift	dt.
189	בֵּית סֵפֶר	**beit séfer**	**Schule, wörtlich: Haus des Buches**

מַה יֵשׁ בְּבֵית כְּנֶסֶת ?

בְּ .... יֵשׁ כִּפּוֹת.

בְּ .... יֵשׁ סִדּוּרִים.

בְּ .... יֵשׁ טַלִּיתוֹת.

מַה יֵשׁ בְּבֵית סֵפֶר ?

בְּ .... יֵשׁ כִּתּוֹת.

בְּ .... יֵשׁ סְפָרִים.

בְּ .... יֵשׁ מַחְבָּרוֹת.

Schneide die Buchstaben (Anhang 4) aus und klebe sie an die richtige Stelle.

י	וֹ	ם

כִּ	פּ	וּ	ר

בֵּ	י	ת

כְּ	נֶ	סֶ	ת

סִ	ד	וּ	ר

טַ	לִּ	י	ת

בֵּ	י	ת

סֵ	פֶ	ר

סֻכּוֹת

בְּחַג הַסֻּכּוֹת אוֹכְלִים בַּסֻּכָּה.

עַל הַסֻּכָּה יֵשׁ עֲנָפִים גְּדוֹלִים.

בְּחַג הַסֻּכּוֹת יֵשׁ לְאַבָּא
לוּלָב וְגַם אֶתְרוֹג.

הַסֻּכָּה לְיַד הַבַּיִת אֲבָל לֹא בַּבַּיִת.

הַסֻּכָּה לֹא גְּדוֹלָה כְּמוֹ בַּיִת הִיא רַק מֵעֵץ.

Wörter

dt.	*Umschrift*	*Hebr .*	*Nr.*
Laubhüttenfest	**sukkot**	סֻכּוֹת	190
Laubhütte, w.	**suka**	סֻכָּה	191
Fest, m.	**chag**	חַג	192
Palmzweig, m.	**lulav**	לוּלָב	193
Etrog, m.	**etrog**	אֶתְרוֹג	194

Die unpersönliche Verbform „man“ hat kein Subjekt und steht im Plural männlich: אוֹכְלִים = man isst.

Ergänze die folgenden Sätze und beantworte die Fragen

אֵיפֹה אוֹכְלִים
בְּ____ הַ____?
מַה יֵּשׁ עַל הַ____?
מַה יֵּשׁ לְאַבָּא
בְּ____ הַ____?
מַה יֵּשׁ בַּ____?

הַ____ בַּבַּיִת?
הַ____ גְּדוֹלָה כְּמוֹ בַּיִת?
מִמָּה הַ____?

בְּ____ הַ____ קַר וְאֵין שֶׁמֶשׁ.

בַּ____ לֹא רַק אוֹכְלִים גַּם לוֹמְדִים תּוֹרָה.

בַּ____ יֵשׁ תְּמוּנוֹת יָפוֹת וּגְדוֹלוֹת.

הַ____ לְיַד הַבַּיִת אֲבָל לֹא בַּבַּיִת.

Schneide die Buchstaben (Anhang 4) aus und klebe sie an die richtige Stelle.

סֻ	כּ	וֹ	ת

סֻ	כָּ	ה

חַ	ג

ל	וּ	לָ	ב

אֶ	תְ	ר	וֹ	ג

שִׂמְחַת תּוֹרָה

בְּשִׂמְחַת תּוֹרָה כָּל הָאֲנָשִׁים
שָׁרִים בְּבֵית הַכְּנֶסֶת.

בְּשִׂמְחַת תּוֹרָה כָּל הַיְּלָדִים
וְהַיְּלָדוֹת בָּאִים לְבֵית הַכְּנֶסֶת.

בְּשִׂמְחַת תּוֹרָה יֵשׁ לְכָל
הַיְּלָדִים דְּגָלִים.

לְשַׁחַר יֵשׁ דֶּגֶל עִם תְּמוּנָה
שֶׁל סֵפֶר תּוֹרָה קָטָן.

לְאַבָּא שֶׁל שַׁחַר יֵשׁ
סֵפֶר תּוֹרָה גָּדוֹל.

Wörter

dt.	*Umschrift*	*Hebr .*	*Nr.*
Fest der Gesetzesfreude	**simchat tora**	שִׂמְחַת תּוֹרָה	195
Fahne, m.	**dégel**	דֶּגֶל	196

Das Wort אִישׁ = Mensch verändert sich im Plural zu אֲנָשִׁים .

שַׁחַר שָׂמֵחַ.

חַנָּה שְׂמֵחָה.

Ergänze die folgenden Sätze und beantworte die Fragen

הָ ______ ______ בְּ ______ ______	לָמָּה הָאֲנָשִׁים שָׁרִים
כִּי ______ ______ .	בְּ ______ ______ ?
______	מִי שָׁר בְּ ______ ______
______	בְּבֵית הַכְּנֶסֶת ?
______	מַה יֵּשׁ לְכָל הַיְלָדִים
______	בְּ ______ ______ ?
______	מַה יֵּשׁ לְשַׁחַר בְּ ______
______	______ ?
______	מַה יֵּשׁ לְאַבָּא שֶׁל שַׁחַר
______	בְּ ______ ______ ?

שַׁחַר שָׂמֵחַ בְּשִׂמְחַת תּוֹרָה כִּי הוּא לֹא הוֹלֵךְ בַּחַג לְבֵית הַסֵּפֶר.

חַנָּה שְׂמֵחָה בְּשִׂמְחַת תּוֹרָה כִּי הִיא מְדַבֶּרֶת עִם כָּל הַחֲבֵרִים וְהַחֲבֵרוֹת לְיַד בֵּית הַכְּנֶסֶת.

Schneide die Buchstaben (Anhang 4) aus und klebe sie an die richtige Stelle.

שׂ מְ חַ ת   תּ וֹ רָ ה   דֶּ גֶ ל

חֲנֻכָּה

בַּחֲנֻכָּה יֵשׁ לְשַׁחַר כִּפָּה
עִם סְבִיבוֹנִים קְטַנִּים.

שַׁחַר לְיַד חֲנֻכִּיָּה עִם שֶׁמֶן.

חַנָּה לְיַד חֲנֻכִּיָּה עִם נֵרוֹת.

לְחַנָּה יֵשׁ סְבִיבוֹן גָּדוֹל בַּיָּד.

בַּחֲנֻכָּה הַיְלָדִים אוֹכְלִים
סֻפְגָּנִיּוֹת וְשָׁרִים שִׁירִים.

בַּחֲנֻכָּה יֵשׁ שֶׁמֶן בַּחֲנֻכִּיָּה
וְגַם בַּסֻּפְגָּנִיָּה .

בַּחֲנֻכָּה יֵשׁ לְכָל יְהוּדִי וּלְכָל
יְהוּדִיָּה חֲנֻכִּיָּה בַּבַּיִת.

Wörter

dt.	*Umschrift*	*Hebr .*	*Nr.*
Öl, m.	**schemen**	שֶׁמֶן	197
Kreisel, Dreidel, m.	**sevivon**	סְבִיבוֹן	198

Ergänze die folgenden Sätze und beantworte die Fragen

מַה יֵּשׁ לְשַׁחַר עַל הָרֹאשׁ בַּחֲנֻכָּה ? ....

אֵיפֹה שַׁחַר ? ....

אֵיפֹה חַנָּה ? ....

מַה יֵּשׁ לְחַנָּה בַּיָּד ? ....

מַה אוֹכְלִים בַּחֲנֻכָּה ? ....

אֵיפֹה יֵשׁ .... בַּחֲנֻכָּה ? ....

שִׁיר לַחֲנֻכָּה

סְבִיבוֹן סֹב סֹב סֹב

חֲנֻכָּה הוּא חַג טוֹב

חֲנֻכָּה הוּא חַג טוֹב

סְבִיבוֹן סֹב סֹב סֹב

Schneide die Buchstaben (Anhang 4) aus und klebe sie an die richtige Stelle.

שֶׁ	מֶ	ן

סְ	בִ	י	ב	וֹ	ן

טוּ בִּשְׁבָט

בְּטוּ בִּשְׁבָט חַם בְּיִשְׂרָאֵל וְלֹא קַר .
בְּטוּ בִּשְׁבָט יֵשׁ בְּיִשְׂרָאֵל שֶׁמֶשׁ כְּמוֹ בַּקַּיִץ .

בְּטוּ בִּשְׁבָט יֵשׁ לְעֵץ הַשָּׁקֵד
פְּרָחִים חֲדָשִׁים וְיָפִים.

בְּטוּ בִּשְׁבָט יֵשׁ גַּם עַל הֶהָרִים
פְּרָחִים חֲדָשִׁים עִם פַּרְפָּרִים .

בְּטוּ בִּשְׁבָט יֵשׁ עַל הַשֻּׁלְחָן
קְעָרָה עִם שְׁקֵדִים וֶאֱגוֹזִים .

בְּטוּ בִּשְׁבָט הַיְלָדִים בָּאִים
לָעֵצִים הַקְּטַנִּים עִם מַיִם וְהָעֵצִים שְׂמֵחִים .

Wörter

dt.	*Umschrift*	*Hebr .*	*Nr.*
15. Tag im Monat Schvat, Neujahrsfest der Bäume	**tu bischvat**	טוּ בִּשְׁבָט	199
Mandel, m.	**schaked**	שָׁקֵד	200

9 . טוּ TU ist kein Wort, sondern stellt die Zahl 15 dar (nähere Erläuterungen s. Anhang 3).

Ergänze die folgenden Sätze und beantworte die Fragen

בְּיִשְׂרָאֵל קַר בְּ .... ?	....
מַה יֵשׁ בְּ .... לָעֵץ	....
הַ .... ?	....
מַה יֵשׁ עַל הֶהָרִים	....
בְּ .... ?	....
מַה יֵשׁ בְּ .... עַל	....
הַשֻּׁלְחָן ?	....
מַה רוֹצִים הָעֵצִים הַקְּטַנִּים	....
מֵהַיְּלָדִים בְּ .... ?	....

טוּ בִּשְׁבָט הוּא חַג שָׂמֵחַ גַּם לָעֵצִים וְגַם לַיְּלָדִים .
הַיְּלָדִים שְׂמֵחִים כִּי הֵם הוֹלְכִים בַּדֶּרֶךְ לְיַד עֵצִים
וּפְרָחִים וְאוֹכְלִים שְׁקֵדִים וֶאֱגוֹזִים.
הָעֵצִים שְׂמֵחִים כִּי יֵשׁ לָהֶם מַיִם מֵהַיְּלָדִים .

לָמָּה הַיְּלָדִים שְׂמֵחִים	....
בְּ .... ?	....
לָמָּה הָעֵצִים שְׂמֵחִים	....
בְּ .... ?	....

Schneide die Buchstaben (Anhang 4) aus und klebe sie an die richtige Stelle.

ט	וּ

בִּ	שְׁ	בָ	ט

שְׁ	קֵ	ד

פּוּרִים

בְּחַג פּוּרִים יֵשׁ
לַיְּלָדִים רַעֲשָׁנִים.

רַק בְּפוּרִים חַנָּה הִיא אֶסְתֵּר
וְשַׁחַר הוּא מָרְדְּכַי.

מֵאֵיפֹה בָּאִים
אֶסְתֵּר וּמָרְדְּכַי ?

הֵם בָּאִים מֵהַמְּגִלָּה.

Wörter

dt.	*Umschrift*	*Hebr .*	*Nr.*
Purim	**purim**	פּוּרִים	201
Esther	**ester**	אֶסְתֵּר	202
Mordechai	**mordechai**	מָרְדְּכַי	203
Megila, Schrift-rolle mit der Geschichte von Esther	**megila**	מְגִלָּה	204
Klapper, Rat-sche, m.	**raaschan**	רַעֲשָׁן	205

Ergänze die folgenden Sätze und beantworte die Fragen

מַה יֵּשׁ לַיְלָדִים	....
בְּחַג .... ?	....
מִי בָּא מֵהַ .... ?	....
אַתְּ אֶסְתֵּר ?	לֹא ....
אַתָּה מָרְדְּכַי ?	לֹא ....

חַג פּוּרִים הוּא חַג שָׂמֵחַ .

הַיְלָדוֹת הוֹלְכוֹת בְּ .... עִם שְׂמָלוֹת כְּמוֹ שֶׁל אִמָּא .

הַיְלָדִים הוֹלְכִים בְּ .... עִם חֲלָצוֹת כְּמוֹ שֶׁל אַבָּא .

מְגִלַּת אֶסְתֵּר

.... הִיא כְּמוֹ סֵפֶר אֲבָל לֹא מְנֻיַּר .

בְּ .... וְגַם בְּסֵפֶר תּוֹרָה אֵין תְּמוּנוֹת יֵשׁ רַק מִלִּים בְּעִבְרִית.

פּוּרִים בְּגַן הַיְלָדִים

מִי אַתָּה ? אֲנִי קוֹף .

אֲבָל הַקּוֹף עַל הָעֵץ ?

אֲנִי קוֹף רַק בְּ ....

מִי אַתְּ ?

אֲנִי פַּרְפַּר.

אֲבָל הַפַּרְפַּר עַל הַפֶּרַח ?

אֲנִי פַּרְפַּר רַק בְּ ....

Schneide die Buchstaben (Anhang 4) aus und klebe sie an die richtige Stelle.

פּ	ו	רִ	י	ם

אֶ	סְ	תֵּ	ר

מָ	רְ	דְּ	כַ	י

מְ	גִ	לָּ	ה

רַ	עֲ	שָׁ	ן

פֶּסַח

בְּחָג פֶּסַח אוֹכְלִים
מַצָּה וְלֹא חָמֵץ.

סַבָּא שָׁר שִׁירִים
מֵהַהַגָּדָה עִם הַיְלָדִים.

שַׁחַר אוֹכֵל מֵהַקְּעָרָה
שֶׁל פֶּסַח מָרוֹר.

הַיְלָדִים רוֹצִים מַתָּנוֹת בְּפֶסַח.

Wörter

dt.	*Umschrift*	*Hebr .*	*Nr.*
Pessach	**péssach**	פֶּסַח	206
Haggada, Erzählung, w.	**hagada**	הַגָּדָה	207
ungesäuertes Brot, w.	**maza**	מַצָּה	208
Gesäuertes, m.	**chamez**	חָמֵץ	209
Bitterkraut, m.	**maror**	מָרוֹר	210

Ergänze die folgenden Sätze und beantworte die Fragen

מַה אוֹכְלִים בֶּחָג ______ ?

מִי שָׁר שִׁירִים מֵהַ______
עִם הַיְּלָדִים ?

מַה שַׁחַר אוֹכֵל מֵהַקְּעָרָה
שֶׁל ______ ?

מַה רוֹצִים הַיְּלָדִים בְּ______ ?

אַבָּא אִמָּא סַבָּא סַבְתָּא וְכָל הַיְּלָדִים אוֹכְלִים בְּפֶסַח מַצּוֹת לְיַד הַשֻּׁלְחָן. עַל הַשֻּׁלְחָן יֵשׁ קְעָרָה גְּדוֹלָה עִם מָרוֹר . לְיַד הַקְּעָרָה יֵשׁ מַצּוֹת וְגַם יַיִן . כָּל הַיְּלָדִים שָׁרִים שִׁירִים מֵהַהַגָּדָה . בְּפֶסַח הַכֹּל חָדָשׁ . לַיְּלָדִים יֵשׁ נַעֲלַיִם חֲדָשׁוֹת וְעַל הַשֻּׁלְחָן יֵשׁ צַלָּחוֹת חֲדָשׁוֹת . בַּסּוֹף הַיְּלָדִים בָּאִים לְאַבָּא וְרוֹצִים מַתָּנוֹת .

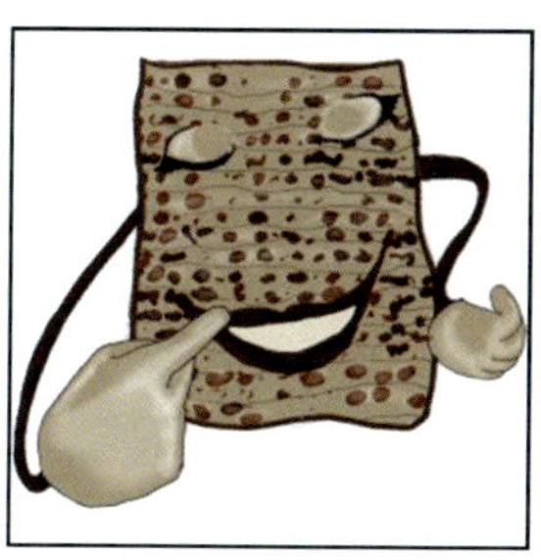

אֲנִי לֹא כָּרִיךְ וְלֹא עוּגָה אֲנִי רַק
בְּפֶסַח לְיַד הַקְּעָרָה מִי אֲנִי ? ______ .

Schneide die Buchstaben (Anhang 4) aus und klebe sie an die richtige Stelle.

פֶּ | סַ | ח

הַ | גָּ | דָ | ה

מַ | צָּ | ה

חָ | מֵ | ץ

מָ | ר | וֹ | ר

ל"ג בָּעֹמֶר

בְּל"ג בָּעֹמֶר יֵשׁ עַל הָהָר
מְדוּרָה גְּדוֹלָה.

הַיְּלָדִים אוֹכְלִים כְּרִיכִים
וְשָׁרִים שִׁירִים לְיַד הַמְּדוּרָה.

בַּמְּדוּרָה יֵשׁ עֲנָפִים גְּדוֹלִים.

Wörter

dt.	*Umschrift*	*Hebr .*	*Nr.*
33. Tag in der Omerzählung	**lag baómer**	ל"ג בָּעֹמֶר	211
Lagerfeuer, w.	**medura**	מְדוּרָה	212

10 . ל"ג LAG ist kein Wort, sondern stellt die Zahl 33 dar (nähere Erläuterungen s. Anhang 3) .

Ergänze die folgenden Sätze und beantworte die Fragen

מַה יֵשׁ בְּ .... עַל הָהָר ? ....

....

מַה הַיְלָדִים אוֹכְלִים ......
בְּ...... ...... ? ......
אֵיפֹה הַיְלָדִים אוֹכְלִים ......
וְשָׁרִים בְּ...... ...... ? ......
מַה יֵשׁ בַּ...... ? ......

Wörter

dt.	*Umschrift*	*Hebr .*	*Nr.*
Lehrer, Rabbiner	**rav, rabi**	רַב, רַבִּי	213
Akiva, Name, sg. m.	**akíva**	עֲקִיבָא	214

רַבִּי עֲקִיבָא הוּא רַב גָּדוֹל. לְ...... ...... יֵשׁ תַּלְמִידִים.
.... הוּא כְּמוֹ אַבָּא לַתַּלְמִידִים .

הַתַּלְמִידִים שֶׁל ....
לוֹמְדִים תּוֹרָה בַּיּוֹם וּבַלַּיְלָה .

אֲבָל הַתַּלְמִידִים לֹא חֲבֵרִים .

.... אוֹמֵר לַתַּלְמִידִים
תּוֹרָה לוֹמְדִים רַק עִם חֲבֵרִים .

Schneide die Buchstaben (Anhang 4) aus und klebe sie an die richtige Stelle.

ל	ג

בָּ	עֹ	מֶ	ר

מְ	ד	ו	רָ	ה

רַ	ב

עֲ	קִ	י	בָ	א

שָׁבוּעוֹת

מֹשֶׁה הוֹלֵךְ לְהַר סִינַי.

מֹשֶׁה מְדַבֵּר וְלוֹמֵד
עִם הַיְּהוּדִים תּוֹרָה.

הַיּוֹם לוֹמְדִים תּוֹרָה
בְּחַג שָׁבוּעוֹת
כְּמוֹ מֹשֶׁה בְּהַר סִינַי.

בְּחַג שָׁבוּעוֹת יֵשׁ בְּבֵית הַכְּנֶסֶת
עֲצִיצִים עִם עֲנָפִים גְּדוֹלִים.

Wörter

dt.	*Umschrift*	*Hebr .*	*Nr.*
Wochenfest	**schavuot**	שָׁבוּעוֹת	215
Moses	**mosche**	מֹשֶׁה	216
Sinai	**sinai**	סִינַי	217

Ergänze die folgenden Sätze und beantworte die Fragen

מִי הוֹלֵךְ לְהַר .... ? ....

עִם מִי .... מְדַבֵּר וְלוֹמֵד	
תּוֹרָה ?	
מַה לוֹמְדִים הַיּוֹם בֶּחָג	
.... ?	
לוֹמְדִים הַיּוֹם תּוֹרָה רַק	
בֶּחָג .... ?	
מַה יֵשׁ בֶּחָג	
בְּבֵית הַכְּנֶסֶת ?	

שַׁחַר לוֹמֵד תּוֹרָה לֹא רַק בֶּחָג
שָׁבוּעוֹת . הוּא לוֹמֵד תּוֹרָה
כָּל הַשָּׁבוּעַ גַּם בְּשַׁבָּת .

כָּל הַשָּׁבוּעַ שַׁחַר הוֹלֵךְ לְבֵית הַסֵּפֶר אֲבָל בְּשַׁבָּת שַׁחַר בַּבַּיִת, הוּא הוֹלֵךְ רַק לְבֵית הַכְּנֶסֶת .

בְּפֶּסַח אוֹכְלִים כָּל הַשָּׁבוּעַ מַצָּה וּבֶחָג הַסֻּכּוֹת אוֹכְלִים כָּל הַשָּׁבוּעַ בַּסֻּכָּה.

בְּרֹאשׁ הַשָּׁנָה אוֹכְלִים תַּפּוּחַ וּדְבַשׁ. בְּיוֹם כִּפּוּר לֹא אוֹכְלִים. בַּחֲנֻכָּה אוֹכְלִים סֻפְגָּנִיּוֹת. בְּטוּ בִּשְׁבָט אוֹכְלִים שְׁקֵדִים וֶאֱגוֹזִים .

Schneide die Buchstaben (Anhang 4) aus und klebe sie an die richtige Stelle.

שָׁ	ב	וּ	ע	ו	ת

מֹ	שֶׁ	ה

סִ	י	נַ	י

יוֹם הָעַצְמָאוּת

בְּיוֹם הָעַצְמָאוּת יֵשׁ לְיִשְׂרָאֵל יוֹם הֻלֶּדֶת .

בְּיוֹם הָעַצְמָאוּת שָׁרִים וּשְׂמֵחִים
כְּמוֹ בְּיוֹם הֻלֶּדֶת .

בְּיוֹם הָעַצְמָאוּת כָּל הַיְלָדִים
שָׁרִים שִׁירִים רַק בְּעִבְרִית .

שַׁחַר הוֹלֵךְ בַּדֶּרֶךְ
עִם דֶּגֶל יִשְׂרָאֵל.

יוֹם הָעַצְמָאוּת הוּא חַג
שֶׁל כָּל הָאֲנָשִׁים בְּיִשְׂרָאֵל .

לֹא כָּל הַיְּהוּדִים גָּרִים בְּיִשְׂרָאֵל
אֲבָל כָּל הַיְּהוּדִים שְׂמֵחִים בְּיוֹם הָעַצְמָאוּת .

Wörter

dt.	Umschrift	Hebr .	Nr.
Unabhängigkeitstag	**jom haaz-maut**	יוֹם הָעַצְמָאוּת	218
Geburtstag	**jom hulédet**	יוֹם הֻלֶּדֶת	219

Ergänze die folgenden Sätze und beantworte die Fragen

מַה יֵּשׁ לְיִשְׂרָאֵל
בְּ______ ______ ? ....

עִם מַה שַׁחַר הוֹלֵךְ
בַּדֶּרֶךְ: בְּ______ ______ ? ....

מִי שָׂמֵחַ בְּ______ ______ ? ....

Wörter

dt.	*Umschrift*	*Hebr .*	*Nr.*
Licht	**Or**	אוֹר	220
siebenarmiger Leuchter, w.	**menora**	מְנוֹרָה	221

בְּיוֹם הָעַצְמָאוּת יֵשׁ בִּירוּשָׁלַיִם תְּמוּנוֹת שֶׁל הַמְּנוֹרָה .

הַמִּלָּה נֵר בָּאָה מֵהַמִּלָּה מְנוֹרָה .

הָ______ בְּשַׁבָּת בָּא מִנֵּרוֹת שַׁבָּת .

הָ______ בַּיּוֹם בָּא מֵהַשֶּׁמֶשׁ. הָ______ בַּחֲנֻכָּה בָּא מֵהַחֲנֻכִּיָּה .

גַּם לַ______ יֵשׁ ______ . הָ______ מֵהַ______ בָּא מֵהַשֶּׁמֶן.

Schneide die Buchstaben (Anhang 4) aus und klebe sie an die richtige Stelle.

י	וֹ	ם

הָ	עַ	צְ	מָ	א	וּ	ת

א	וֹ	ר

מְ	נ	וֹ	רָ	ה

י	וֹ	ם

הֻ	לֶ	דֶ	ת

תִּשְׁעָה בְּאָב

הַיּוֹם אֵין בֵּית מִקְדָּשׁ בִּירוּשָׁלַיִם.

בְּתִשְׁעָה בְּאָב הַיְּהוּדִים
הוֹלְכִים לַכֹּתֶל.

בְּתִשְׁעָה בְּאָב לֹא שָׁרִים
כְּמוֹ בְּשִׂמְחַת תּוֹרָה.

בְּתִשְׁעָה בְּאָב לֹא אוֹכְלִים
כְּמוֹ בְּיוֹם כִּפּוּר.

Wörter

dt.	*Umschrift*	*Hebr .*	*Nr.*
Trauertag am 9. des Monats Av	**tisha beav**	תִּשְׁעָה בְּאָב	222
Tempel in Jeru-salem	**beit hamik-dasch**	בֵּית הַמִּקְדָּשׁ	223

Ergänze die folgenden Sätze und beantworte die Fragen

מַה אֵין הַיּוֹם בִּירוּשָׁלַיִם?
....

....

לְאֵיפֹה הוֹלְכִים הַיְּהוּדִים
בְּ.......... .... ?
....

....

לָמָּה לֹא אוֹכְלִים וְלֹא ...... כִּי ....

שָׁרִים בְּ...... ......? ...... שָׂמֵחַ.

Wörter

dt.	*Umschrift*	*Hebr .*	*Nr.*
heilig, sg. m.	**kadosch**	קָדוֹשׁ	224

בֵּית הַמִּקְדָּשׁ הוּא בַּיִת ......

הַיּוֹם בֵּית הַכְּנֶסֶת הוּא קָדוֹשׁ כְּמוֹ ...... הַ...... .

הַיּוֹם גַּם בְּבֵית הַכְּנֶסֶת יֵשׁ מְנוֹרָה כְּמוֹ בְּ...... הַ...... .

הַקִּדּוּשׁ בְּשַׁבָּת עַל הַיַּיִן בָּא מֵהַמִּלָּה קָדוֹשׁ.

Wörter

dt.	*Umschrift*	*Hebr .*	*Nr.*
Schriftkapsel am Türpfosten, w.	**mesusa**	מְזוּזָה	225

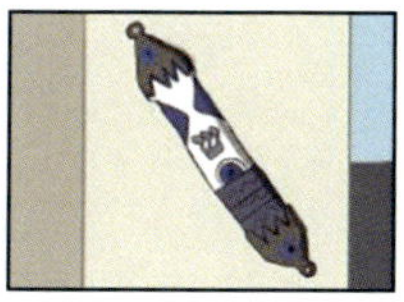

בְּכָל בַּיִת יְהוּדִי יֵשׁ מְזוּזָה.

אֵיפֹה יֵשׁ ......? ....

Schneide die Buchstaben (Anhang 4) aus und klebe sie an die richtige Stelle.

תִּ	שְׁ	עָ	ה

בְּ	אָ	ב

בֵּ	י	ת

הַ	מִּ	קְ	דָּ	שׁ

מְ	ז	ו	זָ	ה

בְּרָכוֹת

מַה אוֹמְרִים בְּרֹאשׁ הַשָּׁנָה ?
שָׁנָה טוֹבָה .

מַה אוֹמְרִים בְּשַׁבָּת ?
שַׁבָּת שָׁלוֹם .

מַה אוֹמְרִים בַּחַג ?
חַג שָׂמֵחַ .

אַבָּא שֶׁל חַנָּה אוֹמֵר בְּרָכָה
כָּל יוֹם מֵהַסִּדּוּר.

אִמָּא שֶׁל חַנָּה אוֹמֶרֶת בְּרָכָה
עַל נֵרוֹת שַׁבָּת .

בַּסִּדּוּר יֵשׁ בְּרָכוֹת לְשַׁבָּת וְגַם לַחַג .

הַמִּלָּה בָּרוּךְ בָּאָה מֵהַמִּלָּה בְּרָכָה .

Wörter

dt.	*Umschrift*	*Hebr .*	*Nr.*
sagt, sg. m.	**omer**	אוֹמֵר	226

sagt, sg. w.	oméret	אוֹמֶרֶת	227
Segensspruch, w.	bracha	בְּרָכָה	228

Ergänze die folgenden Sätze und beantworte die Fragen

מַה .... בְּרֹאשׁ הַשָּׁנָה ? ....

....

מַה .... בְּשַׁבָּת ? ....

....

מַה .... בַּחַג ? ....

....

מַה .... אַבָּא שֶׁל חַנָּה כָּל יוֹם ? ....

....

מַה .... אִמָּא שֶׁל חַנָּה ? ....

....

מַה יֵּשׁ בַּסִּדּוּר ? ....

....

מִמָּה בָּאָה הַמִּלָּה .... ? ....

....

Schneide die Buchstaben (Anhang 4) aus und klebe sie an die richtige Stelle.

א	ו	מֵ	ר

א	ו	מֶ	רֶ	ת

בְּ	רָ	כָ	ה

צְבָעִים

הַצֶּבַע שֶׁל הַשֶּׁמֶשׁ הוּא **צָהֹב** .

הַצְּבָעִים שֶׁל דֶּגֶל יִשְׂרָאֵל
הֵם **כָּחֹל** **וְלָבָן** .

הַצֶּבַע שֶׁל הָעַגְבָנִיָּה הוּא **אָדֹם**.

כָּל הַצְּבָעִים יָפִים .

Wörter

dt.	*Umschrift*	*Hebr .*	*Nr.*
Farbe, m.	**zeva**	צֶבַע	229
blau	**kachol**	כָּחֹל	230
weiß	**lavan**	לָבָן	231
rot	**adom**	אָדֹם	232
gelb	**zahov**	צָהֹב	233

Ergänze die folgenden Sätze

הַ_____ שֶׁל הַפַּרְפַּר הוּא _____ .	הַ_____ שֶׁל הַכֶּלֶב הוּא _____ .
הַ_____ שֶׁל הַמִּיץ הוּא _____ .	הַ_____ שֶׁל הַיָּם הוּא _____ .

Schneide die Buchstaben (Anhang 4) aus und klebe sie an die richtige Stelle.

צֶ	בַ	ע

כָּ	ח	ל

לָ	בָ	ן

אָ	ד	ם

צָ	ה	ב

יָד וְרֶגֶל

הַיָּדַיִם שֶׁל שַׁחַר עַל הָרֹאשׁ.

הַיָּדַיִם שֶׁל חַנָּה עַל הָעֵינַיִם.

הָרַגְלַיִם שֶׁל הַכֶּלֶב עִם הָאַף
הַגָּדוֹל עַל הַמִּדְרָכָה.

לַנָּחָשׁ אֵין אָזְנַיִם
אֲבָל לַנָּחָשׁ יֵשׁ פֶּה גָּדוֹל.

Wörter

dt.	Umschrift	Hebr .	Nr.
Hand, w.	**jad**	יָד	234
Bein, Fuß, w.	**regel**	רֶגֶל	235
Ohr, w.	**osen**	אֹזֶן	236
Auge, w.	**ajin**	עַיִן	237

Ergänze die folgenden Sätze

לְשַׁחַר יֵשׁ ______ עַל הָ______ .	לַנָּחָשׁ אֵין ______ וְגַם ______ .
אֵיפֹה הַ______ שֶׁל חַנָּה ?	לַכֶּלֶב יֵשׁ ______ פֶּה וְ______
הַ______ שֶׁל ______ עַל הָ______ .	______ .

Schneide die Buchstaben (Anhang 4) aus und klebe sie an die richtige Stelle.

יָ	ד

רֶ	גֶ	ל

אֹ	זֶ	ן

עַ	יִ	ן

אַחַת שְׁתַּיִם שָׁלוֹשׁ

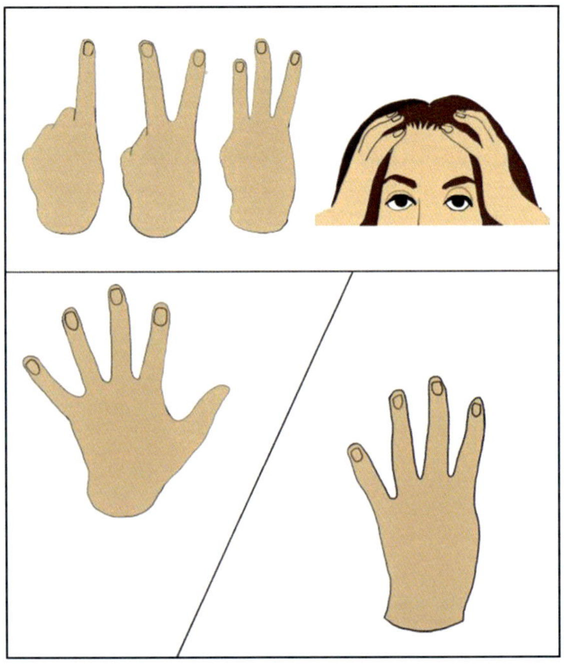

אַחַת שְׁתַּיִם שָׁלוֹשׁ
יָדַיִם עַל הָרֹאשׁ.

בֶּן כַּמָּה הַיֶּלֶד הַקָּטָן ?
הוּא בֶּן חָמֵשׁ.

בַּת כַּמָּה הַיַּלְדָּה הַקְּטַנָּה ?
הִיא בַּת אַרְבַּע.

בֶּן כַּמָּה, Wie alt bist du (m.) ?
בַּת כַּמָּה, Wie alt bist du (w.) ?

Wörter

dt.	*Umschrift*	*Hebr .*	*Nr.*
Sohn	**ben**	בֶּן	238
Tochter	**bat**	בַּת	239
wie viel?	**káma**	כַּמָּה	240
eins	**achat**	אַחַת	241
zwei	**schtájim**	שְׁתַּיִם	242
drei	**schalosch**	שָׁלוֹשׁ	243
vier	**árba**	אַרְבַּע	244
fünf	**chamesch**	חָמֵשׁ	245

הַבֵּן שֶׁל הַזַּמָּר שָׁר יָפֶה .

תָּמָר הִיא הַבַּת שֶׁל הַדַּיָּג .

Ergänze die folgenden Sätze und beantworte die Fragen

אַתָּה הַ____ שֶׁל הַזַּמָּר ?	....
אַתְּ הַ____ שֶׁל הַדַּיָּג ?	....
בֵּן ____ אַתָּה ?	....
בַּת ____ אַתְּ ?	....
____ ____ הוּא ?	....
____ ____ הִיא ?	....
אַתָּה בֵּן ____ ?	....
אַתְּ ____ ____ ?	....
____ מַצּוֹת יֵשׁ עַל הַשֻּׁלְחָן בְּפֶסַח ?	....

____ (1) ____ (2) ____ (3) ____ (4) ____ (5)

Schneide die Buchstaben (Anhang 4) aus und klebe sie an die richtige Stelle.

| ב ֵּ | ן |

| בַּ | ת |

| כַּ | מָּ | ה |

| אַ | חַ | ת |

| שְׁ | תַּ | יִ | ם |

| שָׁ | ל | וֹ | שׁ |

| אַ | רְ | בַּ | ע |

| חָ | מֵ | שׁ |

שֵׁשׁ שֶׁבַע שְׁמוֹנֶה

שֵׁשׁ וְעוֹד שָׁלוֹשׁ
הֵם תֵּשַׁע.

שְׁמוֹנֶה וְעוֹד שְׁתַּיִם
הֵם עֶשֶׂר.

אַרְבַּע וְעוֹד אַרְבַּע
הֵם שְׁמוֹנֶה.

שֵׁשׁ וְעוֹד אַחַת
הֵם שֶׁבַע.

Wörter

dt.	*Umschrift*	*Hebr .*	*Nr.*
noch	**od**	עוֹד	246
sechs	**schesch**	שֵׁשׁ	247
sieben	**schéva**	שֶׁבַע	248
acht	**schmóne**	שְׁמוֹנֶה	249
neun	**téscha**	תֵּשַׁע	250
zehn	**ésser**	עֶשֶׂר	251

Ergänze die folgende Tabele

(2)	שְׁתַּיִם	הֵם	אַחַת	וְעוֹד	אַחַת
(3)		הֵם		וְעוֹד	
(4)					
(5)	חָמֵשׁ				
(6)					
(7)					
(8)					
(9)					
(10)	עֶשֶׂר				

שֵׁשׁ וְעוֹד אַרְבַּע הֵם תֵּשַׁע ?

לֹא ______ וְ______ ______ הֵם ______ .

אֲנִי מְדַבֶּרֶת שָׁלוֹשׁ שָׂפוֹת אֲבָל עִם סַבְתָּא אֲנִי מְדַבֶּרֶת
רַק עִבְרִית .

אֲנִי לוֹמֵד כָּל יוֹם ______ מִלִּים בְּעִבְרִית .
בְּסוֹף הַשָּׁנָה אֲנִי טָס לְיִשְׂרָאֵל וּמְדַבֵּר עִם כָּל הָאֲנָשִׁים
בְּיִשְׂרָאֵל רַק עִבְרִית .

(10) ______ (9) ______ (8) ______ (7) ______ (6) ______

Schneide die Buchstaben (Anhang 4) aus und klebe sie an die richtige Stelle.

ע | וֹ | ד   שֵׁ | שׁ   שֶׁ | בַ | ע   שְׁ | מ | וֹ | נֶ | ה   תֵּ | שַׁ | ע   עֶ | שֶׂ | ר

Vokale

dt.		*Zeichen*	*dt. hebr.*
a	wie a in Bach	◌ַ	Patach פַּתָּח
a	kurzes a, unbetont	◌ֲ	Chataf-Patach חֲטַף פַּתָּח
a	langes a wie Aal	◌ָ	Kamaz קָמַץ
o	kurzes o	◌ָ	Kamaz katan קָמַץ קָטָן
o	kurzes o, unbetont	◌ֳ	Chataf - Kamaz חֲטַף קָמַץ
e	langes e wie Lehrer	◌ֵ	Sere צֵירֶה
e	kurzes e wie in Kern	◌ֶ	Segol סֶגוֹל
e	kurzes e, unbetont	◌ֱ	Chataf- Segol חֲטַף סֶגוֹל
(e)	fast lautloses, kurzes e	◌ְ	Schva שְׁוָא
i		◌ִ	Chirik חִירִיק
o	langes o wie Wohl	וֹ	Cholam male חוֹלָם מָלֵא
o	kurzes o wie Wolle	·	Cholam chasser חוֹלָם חָסֵר
u		וּ	Schuruk שׁוּרוּק
u		◌ֻ	Kubuz קֻבּוּץ

Konsonanten

Name	*dt.*		*Endbuchstabe*	*hebr.*
Alef		Stumm		א
Bet	b			בּ
Vet	v			ב
Gimmel	g			ג
Dalet	d			ד
He	h			ה
Vav	v			ו
	o	langes o wie „Wohl“		וֹ
	u			וּ
Sajin	s	weiches s wie in „sehen“, stimmhaft		ז
Chet	ch	ch wie in „Bach“		ח
Tet	t			ט
Jod	j			י
Kaf	k			כּ
Chaf	ch	ch wie in „Bach“		כ
Chaf sofit	ch		am Ende des Wortes	ך
Lamed	l			ל
Mem	m			מ
Mem sofit	m		am Ende des Wortes	ם
Nun	n			נ
Nun sofit	n		am Ende des Wortes	ן
Samech	s	hartes s wie in „es-sen“, stimmlos		ס
Ajin		stumm, Kehllaut		ע
Pe	p			פּ
Fe	f			פ
Fe sofit	f		am Ende des Wortes	ף
Zadi	z	wie z in „Zaun“		צ
Zadi sofit	z		am Ende des Wortes	ץ
Kof	k			ק
Resch	r			ר
Schin	sch	sch wie in „schön“		שׁ
Ssin	s	ss wie in „essen“		שׂ
Tav	t			ת

Anmerkungen

1 . הַ (= He mit Patach) ist der bestimmte Artikel für: männlich, weiblich, Singular und Plural. Er wird dem Wort vorangestellt; dazu kommt ein Punkt = Dagesch im folgenden Buchstaben, der dadurch verdoppelt wird: הַנָּהָר .

Aber:
Bei He **ה** und Chet **ח** fällt Dagesch weg: הַחֶדֶר (Buchstabe Chet **ח** s. 1.4 ; Dalet **ד** s. 6.1 ; Vokal **e** s. 5.1).

Vor Alef **א**, Ajin **ע** und Resh **ר** wird der Artikel mit ָ vokalisiert, auch ohne Dagesh: הָ: הָרַכֶּבֶת (Buchstabe Kaf **כּ** s. 10.1; Vet **ב** s. 9.2 ; Buchstabe Ajin **ע** s. 3.1; Buchstabe Tav **ת** 6.3).

Vor הָ, עָ, חָ, חָ wird הַ zu הֶ: הֶחָדָשׁ (s. 6.1; Schin שׁ s. 1.5).

2 . Die Präposition **zu, nach** besteht aus dem Buchstaben Lamed mit Schva und wird dem Wort vorangestellt: ....לְ.

Aber:
Das Schva wird zum Vokal i, wenn ein weiteres Schva folgt: aus יְרוּשָׁלַיִם mit לְ davor wird לִירוּשָׁלַיִם (Vokal **i** s. 8.1 ; Buchstabe Jod **י** s. 4.2 ; Vokal **u** s. 14.3 ; Buchstabe Mem sofit **ם** s. 15.1).

Folgt auf לְ der Artikel ha הַ, wird die Form zusammengezogen zu la לַ: לַיַּלְדָּה .

Folgt aber auf le לְ der Artikel ha הַ vor Alef **א** , Ajin **ע** oder Resch **ר**, wird die Form zusammengezogen zu לָ: לָרַכֶּבֶת (Buchstabe Kaf כּ s. 10.1).

3 . א, ה, ח, ע müssen mit dem Halbvokal Schva noch einen weiteren Vokal zu sich nehmen = Chataf - Laute (ֲ ֳ ֱ) (Vokal **a** s. 6.2 Vokal **o** s. 19.2 Vokal **e** s. 19.3).

4 . Die Konjunktion **und** besteht aus dem Buchstaben Vav mit Schva und wird dem Wort vorangestellt: ....וְ .

Aber:
Vor den Buchstaben ב , מ , פ verändert sich der Vokal zu **u**: וּמְדַבְּרוֹת (Buchstabe Bet ב s. 9.1; Buchstabe Pe פ s. 13.1).

Folgt auf וְ ein weiteres Schva, dann wird das erste Schwa zum Vokal U: וּלְחַנָּה .

Folgt auf וְ ein weiteres Schva mit dem Buchstaben Jod, dann wird dieses zum Vokal I und das zweite Schva fällt weg: aus וְיְהוּדָה wird וִיהוּדָה .

Vor dem kurzen Vokal A = Chataf Patach wird Schva auch zu A: וַאֲנִי .

Vor dem kurzen Vokal E = Chataf Segol wird Schva entsprechend auch zu E: וֶאֱמֶת .

5 . Die Präposition **von** besteht aus dem Buchstaben Mem **מ** mit Vokal Chirik und wird dem Wort vorangestellt: ....מִ. Dazu kommt ein Punkt = Dagesch im folgenden Buchstaben.

Aber:
Bei den Gutturalen א, ה, ח, ע, ר wird der Vokal i zu e: ....מֵ: מֵהַבַּיִת .

6 . Die Präposition in, an besteht aus dem Buchstaben Bet und Schva und wird dem Wort vorangestellt: בְּ .

Aber: Folgt auf בְּ der Artikel ha הַ, wird die Form zusammengezogen zu בַּבַּיִת = הַבַּיִת +בַּ:ב .

Folgt auf בְּ ein weiteres Schva, dann wird das erste Schva zum Vokal I: בִּשְׁמוֹ = שְׁמוֹ + בְּ .

Folgt auf בְּ ein weiteres Schva mit dem Buchstaben Jod, dann wird dieses zum Vokal I und das zweite Schva fällt weg: aus בְּיְרוּשָׁלַיִם wird בִּירוּשָׁלַיִם .

Folgt auf בְּ der Artikel ha הָ vor Alef א , Ajin ע oder Resch ר , wird die Form zusammengezogen zu בָּ: בָּרְחוֹב (Vokal o s. 15.1 ; Buchstabe Vet ב s. 9.3).

Folgt auf בְּ der Artikel ha הָ vor הָ, עָ, חָ, חֳ wird die Form zusammengezogen zu בֶּ : בְּ + הֶחָצֵר = בֶּחָצֵר (Buchstabe Zadi צ s. 12.1).

7 . Endet ein Wort auf חַ oder עַ, dann wird der Vokal A davor gesprochen, z. B. תַּפּוּחַ = tapuach.

8 . Kamaz allein **kann** wie O ausgesprochen werden, z. B. כָּל = kol, wenn es unbetont ist.

Schva mit Kamaz = ֳ = Kamaz katan wird wie O gesprochen, z. B. אֳנִיָּה = onija.

9 . טו TU ist kein Wort, sondern stellt die Zahl 15 dar: Tet (ט) hat den Zahlenwert 9 und Vav (ו) 6.

10 . ל"ג LAG ist kein Wort, sondern stellt die Zahl 33 dar: Lamed (ל) hat den Zahlenwert 30 und Gimel 3.

Abkürzungen

d.h.	das heißt
Dt.	Deutsch
Hebr.	Hebräisch
m.	männlich
Nr.	Nummer
w.	weiblich
s.	siehe
s. a.	siehe auch
sg.	Singular
pl.	Plural

Schneide die Buchstaben aus und klebe sie an die richtige Stelle im Buch.

1. Lerneinheit

1.1 Buchstabe ר (Resch), Vokal **a**

ר

1.2 Buchstabe ה (He)

הַ ר

1.3 Buchstabe נ (Nun)

ר נָ הָ

1.4 Buchstabe ח (Chet)

ח ה נָ נָ חָ חַ נָּ ה

1.5 Buchstabe שׁ (Schin)

שׁ נָ ה חָ רָ ר שָׁ שָׁ ר שַׁ חַ

2. Lerneinheit

2.1 Buchstabe מ (Mem)

מַ ה

2.2 Buchstabe ל (Lamed)

ה לָ מָּ

3. Lerneinheit

3.1 Buchstabe ע (Ajin)

עַ נַ ל עַ עַ שַׁ ל ר

3.2 Vokal **Schva**

נְ ה עְ מָ לְ מַ לָ לָ ה לָּ חַ לְ ה

4. Lerneinheit

4.1 Buchstabe ק (Kof)

קַ ה לְ ר קַ ר קְ רַ רָ מָ עָ ק

4.2 Buchstabe י (Jod)

נְ יָ שָׁ לַ יְ ר ה יָ לָ ר

5. Lerneinheit

5.1 Vokal **e**

יֵ נֵ שׁ ר

5.2 Vokal **e**

שֶׁ שׁ שֶׁ מַ מֶ הֵ ל ר

6. Lerneinheit

6.1 Buchstabe ד (Dalet)

נַ לֶ נֵ לְ ה יֶ דְ ד יַ דָ דָּ ה

לְ דֶ ד יַ חֶ ר

6.2 Vokal **a**

עֲ שָׁ נָ דָ דָ ק חָ ה חֲ שׁ

6.3 Buchstabe ת (Tav)

מַ תָּ רְ ה תָּ שַׁ ר שֶׁ נָ רֶ מָ ת

7. Lerneinheit

7.1 Buchstabe ג (Gimmel)

גָּ גָּ ר רָ ה דַּ דָּ ג יָּ ג

7.2 Buchstabe א (Alef)

אַ ה אַ תָּ תְּ

7.3 Buchstabe ו (Vav)

וֶ ד רֶ וְ

8. Lerneinheit

8.1 Vokal **i**

אִ אֱ ה אִ י שׁ שָּׁ נִ י שִׁ י א

הִ י ר

8.2 Vokal **i**

מִ י אִ מִ מִ י לְ מָּ מִ א לָּ ה

9. Lerneinheit

9.1 Buchstabe בּ (Bet)

בַּ בֶּ ת יִ חְ מַ בַּ ת בָּ שַׁ רֶ ת

מְ ר בֵּ דַ מְ דַ רֶ בֶּ ת

בָּ בָּ א אָ ה בָּ אַ א

9.2 Buchstabe ב (Vet)

עִ גְ נִ י ת ה בֵ ל חֲ בִ בָ ה

עַ בְ בָ רִ יָ חָ תֵּ ר אָ בֵ ב י

אֱ רָ ל

10. Lerneinheit

10.1 Buchstabe כּ (Kaf)

כִּ כֶּ תָּ רַ ה בֶ כֶּ ת לֶ כִּ ב י

10.2 Buchstabe כ (Chaf)

מִ ה רָ בָּ דְ עַ כָ כְ ר

11. Lerneinheit

11.1 Vokal **o**

א לֶ כֵ ל א וֹ כֶ וֹ ת וֹ ד גָּ ל

גְּ לָ וֹ ה ד מ כְּ וֹ

מ וֹ מֵ ה ל וֹ רָ ה מֶ וֹ דֶ ה

ד רֶ וֹ מ ל וֹ תּ רָ ת

11.2 Vokal **o**

לֹ תֶ דֹּ כֹּ ב א ל

11.3 Vokal **u**

ה דִ א ע וּ גָ ה יְ מ נָ וּ ה

יְ תְּ וּ וּ י דִ ה וּ ה יָּ ה

12. Lerneinheit

12.1 Buchstabe צ (Zadi)

ר צַ צֶ ה ר צָ ה וֹ לַּ וֹ ר ת

צַ צֶ יָּ אֵ חַ ל

12.2 Buchstabe ז (Sajin)

זֶ מֶּ מָּ א ת זַ זֹ ר זַ ה רֶ ת

13. Lerneinheit

13.1 Buchstabe פּ (Pe)

פֶּ פֶּ רֶ רַ פַּ ח פַּ ק פַּ ה רֶ ר

13.2 Buchstabe פ (Fe)

יָ ר ה יָ פָ ה פֹ פָ פֶ אֵ י כְּ ה

14. Lerneinheit

14.1 Buchstabe ס (Samech)

סֵ פֶּ סִ ר פְּ רִ סַ ה יָ בָּ תָּ א בְ

סַ א

14.2 Buchstabe ט (Tet)

טָ מָ טָ אַ ה ס ט וֹ לֶ ס סָ ט

14.3 Vokal **u**

חֲ לֻ כָּ ה סֻ נֻ גָּ נִ יָ ה פְּ חֲ כִּ

חֻ נֻ צָ ה ה יָ

15. Lerneinheit

15.1 Buchstabe ם (Mem sofit)

ם ם | מַ ם ם יָ חַ שָׁ יִ ם ם

גַּ עִ שָׁ ם וֹ שָׁ יְ וּ ר ל יִ לַ ם

15.2 Buchstabe ם (Mem sofit)

הֵ ר ר לָ צִ וֹ דְ יְ לָ ם י ת

ם וֹ צ וֹ ת יְ וֹ ד י ם

16. Lerneinheit

16.1 Buchstabe ן (Nun sofit)

אֵ כֵּ ן קָ ן ן יִ ן שֵׁ טַ חָ ה

י ן הֵ טָ יַ גַּ ן קְ לְ נָּ ן

16.2 Buchstabe שׂ (Ssin)

שָׂ י ה אֵ מִ רָ כָ ה שִׂ לָ מֶ ה

יִ שְׂ פָּ שְׂ ל

17. Lerneinheit

17.1 Buchstabe ף (Fe sofit)

ק נָ וֹ עָ ף ף אַ וֹ ס ף ף

17.2 Buchstabe ץ (Zadi sofit)

עֵ קַ ץ יִ ץ י ץ עֱ י צִ מִ ץ

17.3 Buchstabe ך (Chaf sofit)

כָּ וֹ י רֶ דֶּ ךְ ה ךְ וֹ כֶ ךְ

ה רִ לֶ לֵ ת

18. Lerneinheit

Buchstaben 'ג ,'ז ,'צ

גּ' ג' רָ גֶּ ה י וּ נְ פָּ ל

ק ט קֶ זָ' א זָ'

צּ' צּ' ס פְּ י צֶּ' טָ וֹ י ל ה

19. Lerneinheit

19.1 Vokal **a**

תַּ חַ וּ תֵּ ל וּ מַ פּ פְּ חַ חַ

19.2 Vokal **o**

כָּ אֱ ל יָּ נּ ה

19.3 Vokal **e**

אֱ וֹ ג מֶּ אֱ ז ת

20. Lerneinheit Feiertage:

20.1 Rosch ha Schana (Neujahrsfest)

הַ פָּ נָ ה שָּׁ וֹ רֹ ה שׁ וֹ בַ ר

ה ט כּ בָ א שׁ דְּ פָ שׁ

20.2 Jom Kippur (Versöhnungstag)

י פּ בֵּ ר ת נֶ וֹ ת סִ טַ י ר

כּ בֵּ וּ י כְּ י סֶ ם דּ לְּ וּ ת

ת פֶּ סֵ ר

20.3 Sukkot (Laubhüttenfest)

כּ וֹ ת ג כָּ ה חַ אֶ ל וּ ר ב

סֻ סֻ תְ לָ וֹ ג

20.4 Simchat Thora (Thorafreudenfest)

שִׂ וֹ חַ דֶּ תּ מְ רָ גֶ ת ה ל

20.5 Chanukka (Lichterfest)

סְ ן מֶ ב וֹ בִ שֶׁ י ן

20.6 Tu bi Schvat (15. Schvat)

ט קֵ ט שְׁ בָ בִּ שָׁ וּ ד

20.7 Purim

וּ ה י ם אֶ גִ ר תֵּ רִ רְ דְ שָׁ י

פּ סְ מְ לָּ מָ רַ עֲ כַ ן

20.8 Pessach

סַ ח הַ גָּ דָ מֵ מַ חָ ה ר ה ץ

פֶּ מָ צָּ וֹ ר

20.9 Lag ba Omer

ג בָּ ד מֶ ר מְ עֹ וּ רָ רַ ה ב

א י בָ ל עֱ קִ

20.10 Schavuot (Wochenfest)

י ב שֶׁ סִ ה י מֹ וֹ ת ע וּ נַ שָׁ

20.11 Jom ha Azma'ut (Tag der Unabhängigkeit)

ר וֹ רָ ת מְ א דֶ צְ הֱ הָ י וֹ י

ה א וֹ נ וּ ת מָ לֶ עַ ם וֹ ם

20.12 Tischa be Av (9. Av)

שׁ ה אָ מִ הַ ת י זָ ה עֲ ז תִּ

ב קִ בְּ דָ בֵּ וּ שְׁ מְ

20.13 Segenssprüche

ה א בְּ רָ וֹ מֶ רֶ וֹ כָ מֵ ר ת א

21. Lerneinheit

21.1 Farben

ב הֹ בַ ם בָ אָ חֹ דֹ לָ ל ן כָּ

ע צָ צָ

21.2 Körperteile

ן ן עַ זֶ יִ אֹ ל ד רֶ גֶ יָ

21.3 Zahlen von 1- 5

בֶּ אַ ת כַּ בַּ ה חַ שְׁ ת מֵ תַּ וֹ ם

ן בַּ רְ מָּ ע חָ אַ שׁ שָׁ ל ִי שׁ

21.4 Zahlen von 6 -10

וֹ ד שֵׁ שׁ שֶׁ בַ נֶ שְׁ מ שֶׁ תֵּ ה

ע ע שַׁ ע עֶ וֹ ר